質問型営業で断られずに
クロージング

営業は「質問」で決まる!

青木 毅

同文舘出版

はじめに

私は「質問型営業」という営業方法を指導しています。これは最初から最後まで質問をしながら営業する営業法です。質問型営業を紹介した前著『説得・説明なしでも売れる！「質問型営業」のしかけ』（同文舘出版）は増刷を重ね、多くの方々、企業よりお問合わせをいただきました。そこで今回は、その続編となる、クロージングの「質問」の部分だけに焦点を絞って書かせていただきました。つまり質問型クロージング法です。

多くの営業マンは、実はクロージングについて困っています。その割には、クロージングについて具体的にしっかりと書かれている本がほとんどないのが現状です。本書は、質問型クロージングについて書いたはじめての本と言っていいでしょう。この本で質問型クロージングをマスターしていただければ、必ずお役に立つものとなるでしょう。

さて、質問型クロージングの説明に入る前に、営業についてもう一度確認させていただき、本題に入っていきましょう。

①そもそも、最終的には、お客様がお金を出すのですから、それを購入するかどうかを決める権利は100％お客様にある
②いくら営業マンが上手に「説得」しようと、お客様は「納得」しない限り、お金を出してくれない
③仮に営業マンの熱意に押されてお客様が商品を衝動買いしても、お客様の購買動機が弱ければ、商品を熱心に使わず、クレームとなったり、不評を買ったりする
④このような販売をした営業マンは後日、クレーム処理に追われたり、商品の評判を落とし、リピートを得られなくなるなどのマイナスを背負うことになる
⑤そして何よりも、営業マンは自信をなくし、商品に対する信念も消え失せ、ついには営業ができなくなる

実は、これらのことは過去に私が経験したことでもあるのです。私はかつてこのような営業マンでした。ただ、自分の営業成績や収入のために強引に営業していたわけではありません。お客様に喜んでいただこうと思ってやっていたにもかかわらず、結果的にこのような営業になってしまった、ということです。

私はいくつかの営業を経験しています。その中でも、特に人材教育の仕事は27年と長く

やってきました。それも含めて、すべての職業で最初は「お客様のお役に立とう」と意気揚々と燃えて仕事をしていました。ところが、次第にその意欲をなくしていきました。人材教育の会社では専務取締役も経験しましたし、その後、独立して社長にもなりました。しかし、それでも意欲の低下は止まりませんでした。

理由をいろいろ考えていくうちに、私はひとつの結論にたどり着きました。それは営業への考え方の間違いでした。それは、「人に対する考え方」と「営業に対する考え方」です。

まず「人に対する考え方」ですが、これは「人は自分の思った通りにしか動かない」ということです。どんな人も自分が思ったり、考えた通りにやりたいと思っています。誰も人の言う通りに動きたいとは思っていないのです。だからこそ、お客様は営業マンに言われた通りには動きたくないのです。お客様自身が思った通りに動きたいのです。ですから、お客様が何をどう思っているかを聞くのが先であり、それが「質問」なのです。

次に「営業に対する考え方」ですが、これは「営業とはお役立ちである」という考え方です。営業マンは、お客様のお役に立つために営業しているのです。お役に立つには、お客様が何を求めているか、何を解決したいと思っているかを聞かなくてはなりません。そのために必要なのが、「質問」なのです。その上で、それに役立つ商品やサービスを提供するのです。

このことに気がついてから、私の営業は大きく変わりました。それは「質問」を中心とした営業です。ここで「質問型営業」が誕生したのです。これによって私の営業スタイルが180度変わりました（この件については、『「質問型営業」のしかけ』（同文舘出版）、『ビジネスリーダーの「質問力」』（角川SSC新書）に詳しく書いています）。そして、質問による営業方法で大きく変わったのが、アプローチとクロージングの部分でした。質問によって、これらの秘訣をつかんだと言ってもいいでしょう。

特に、質問によるクロージングへと変わったことによって、お客様は自発的に購入するようになりました。つまり**私が売るのではなく、お客様が自ら進んで買われる**状態になった、ということです。それは、お客様が商品・サービスを活用される状態をも変え、お客様が商品・サービスから得られる成果にも大きく影響を与えました。

そればかりでなく、お客様と私の関係にも大きく影響を与えたのでした。お客様は私を信頼してくださるようになり、関係がフレンドリーになりました。そして、私はお客様にとって商品・サービスのアドバイザーになり、コンサルタントになったのです。

このように、営業に対する理解の違いが成果に決定的な違いをもたらしたのですが、それを可能にするのが「質問」なのです。特に「質問型クロージング」は、営業に大きな違いをもたらしました。

では、「質問型クロージング」とはどのようなものでしょうか？　1章以降から詳しくお伝えしていきます。ぜひとも本書で「質問型クロージング」をマスターしてください。

2012年6月

青木毅

質問型営業で断られずにクロージング

営業は「質問」で決まる！

2章 お客の心理にぴったり合わせる クロージングの「5つの質問」

3章 クロージングでの「質問」を強化するワザ

4章 契約直前のお客様の躊躇にも「質問」で対応する

5章 営業のすべての過程は「クロージング質問」が鍵

6章 クロージング上手なら人生がうまくいく

カバーデザイン◉三枝未央
本文DTP◉エムツーデザイン

1章

「質問」だけでクロージングできる

質問は、営業マンにとっても お客様にとっても効果的な技術

一般にクロージングとは、契約を締結することをいいます。通常は、プレゼンテーションで商品説明を行なった後にクロージングへと進みます。それは営業における最終段階で、まさにクライマックスです。

このクロージングの段階は、営業マンが最も緊張する場面とも言えるでしょう。なぜなら、アポイントをとり、アプローチし、商品説明をするという一連のセールス活動が実を結ぶか結ばないかが決まる段階だからです。

一方で、お客様にとっても、クロージングの段階では躊躇があります。商品やサービスに興味があったから営業マンの話を聞いてきたわけですが、「いよいよ契約」という段階になると、「この商品・サービスは本当に間違いないのだろうか？」と、疑心暗鬼になるからです。

このように、クロージングは営業マンにとっても、お客様にとっても、緊張を強いられ

る場面なのです。
この場面をすんなり乗り切るには、技術が必要です。その技術の核となるのが「質問」です。

私は質問型営業という方法を指導しています。これは「お客様は自らの欲求によって買われるのだ」という考え方に基づき、すべての営業のプロセスをお客様の欲求にそって進めていく方法です。その時に「質問」を使います。この質問を使うとクロージングは極めて楽になります。なぜならば、質問によってお客様の心（欲求）が手にとるように見えてくるからです。お客様の心が見えれば、営業マンは多くを語る必要はなく、わずかな言葉ですむようになります。質問は営業の他の段階でも、とても有効ですが、クロージングにおいては、その効果が顕著に発揮されます。

お客様の欲求は、お客様の心の中にあり、他人には見えません。それを知るためには、こちらから聞かなくてはなりません。それを実現するのが「質問」です。
お客様の「欲求」は、お客様自身も自覚していないことがあります。しかし、営業マンが「質問」することによって、お客様はそれを自覚できるようになります。別の言い方をすると、質問によってお客様の心の中の潜在的な欲求を引き出す、ということです。

「お客様、商品についてご説明しましたが、どのように思われましたか?」
「どのようなところがいいと感じられましたか?」
「ではこの商品を使ってみたいとお感じですか?」

このような質問を投げかけることで、お客様の欲求のレベルがわかってきます。そして、レベルが高まったあとでクロージングを展開すれば、スムーズに契約に入ることができるようになります。

「質問」という技術は、営業マンにとっても、お客様にとっても、クロージングにおける救世主なのです。

POINT

クロージングの秘訣は、お客様の欲求を確かめること。
その際には、「質問」こそが、最も効果的で重要な道具となる。

あなたがクロージングできない理由

クロージングへと進むことができない、という営業マンは多いのですが、その理由はたいていこの2つです。

●クロージングをして、断られたら営業がおしまいになるという恐怖
●クロージングをして、マイナスの返事をもらうと、そこで商談が保留になってしまう不安

ここで、少し考えてみてください。そもそも、なぜ断られるのでしょうか。なぜ、マイナスの返事が返ってくるのでしょうか。

お客様は興味があるから、ここまで営業マンの話を聞いたのです。興味がなければあなたの話を聞かなかったはずです（話を聞いてもらうために最初にお願いしたり、強引に進めたのであれば、それはクロージングに問題があるのではなくて、アポイント取りやアプローチにおける進め方に問題があります。この点については、5章で詳しく取り上げます)。
先述したように、クロージングの段階ではお客様も不安を感じます。だからこそ、この時に営業マンがお客様の状況や心情を察知してあげるのです。そのために行なうのが「質問」です。質問によってお客様の気持ちを聞いてあげるのです。

このように私が言うと、あなたは「それはわかっているんだけど、それができないんだよね」「どんな質問をすればいいかわかんないんだよね」「どうも、焦ってしまってね」とおっしゃるかもしれません。
そこで、ちょっと視点を変えてみましょう。そもそも営業とは何でしょうか。あなたは何のために営業しているのでしょうか。これこそが営業の原点なのですが、実は「質問」はこの原点に関係しているのです。

「あなたは何のために営業していますか?」と聞かれると、おそらくこんなことを答えるのではありませんか?

「もちろん、生活するためですよ」

「営業しなければ、会社にいられなくなりますからね」
「営業でもっと成績を伸ばし、収入を上げ、よい生活をしたいからです」
「営業で成果を残して、昇進するためです」

こうした理由ももっともなことだと思います。しかし、これらはすべて「自分のため」です。では、「お客様」の立場で考えたらどうでしょう。お客様は、その商品・サービスで仕事を効率的にしたい、業績を上げたい、生活を快適にしたい、便利にしたい、楽しくしたい、と思うから、営業マンの話に耳を傾けるのです。

こう考えれば、営業とはお客様に喜んでいただくこと、お客様のお役に立つことであるとわかります。そのために商品・サービスをお勧めするのです。

いま営業マンであるあなたの目の前に、商品・サービスに興味を持ち、説明を聞き、そして最終的な判断をしようとしているお客様がいるとします。そのお客様にしてあげられることは何でしょうか？　それは、お客様の気持ちを聞いてあげることです。どのようなことで躊躇しているかを聞いてあげることです。そして、あらゆる疑問に答えてあげたうえで、最適な判断をするための手助けをしてあげることです。

それを可能にするのが「質問」なのです。質問することは、何とも優しく、そして何とも愛情のある、何とも親切な気遣いのある行為なのです。単に、お客様を買うように仕向けることではありません。この点を理解した上で、お客様に質問を投げかけることです。

このように考えると、営業マンがクロージングできないのは、実は「自分のことばかり考えているから」だとわかります。その発想から切り替え、お客様のことを考えることです。どこまで行ってもお客様のことを考えるのです。そのためには、お客様の素直な本音の声を聞かせていただくことです。だから、お客様に質問するのです。

「質問」。それは、お客様への最高の愛情なのです。

POINT

あなたがクロージングできない理由は、自分のことを考えているから。あなたがお客様のことを考えれば、自然と質問し、無理なくクロージングへつながる。

お客様は、自分の欲求をはっきりとわかっていない

「お客様は、自分の欲求をはっきりとわかっていない」。

このように言うと「まさか」と思うでしょう。しかし、これは事実です。ためしに、あなたが買い物に行く場合を考えてみてください。たとえば、リビングに置くソファーを買いに行くとします。その時に、あなたははっきりと「○○のメーカーの何人用のソファーで、色は□□色で……」と言って出かけるでしょうか。きっとそうではないはずです。ただ漠然と「ソファーを買いに行こう」と出かけるのです。つまり、自分の欲求がはっきりとわかっていない状態で買いにいくわけです。

ここでお話ししているのは、人には欲求がある人とない人がいる、ということではありません。すべての人に欲求はあるけれど、それがはっきりとしていない、ということです。営業マンは、そのことをよく理解して営業にとりかかったほうがよいのです。

お客様がすぐ判断しない、すぐ買わないとなった場合、それはお客様が「自分の欲求をはっきりわかっていない」ということなのです。今は私たちの周囲には、ありとあらゆる商品・サービスがあふれているので、なおさらです。

では、そんなお客様を目の前にして、営業マンはどうすればよいのでしょうか？「お客様、この商品はこの点が素晴らしいのですよ」「お客様、ここを見てください。この部分が非常に便利にできていますよ」と言うでしょうか。繰り返しますが、お客様は自分の欲求をはっきりとわかっていないのです。わかっていないのに、いくら営業マンが一所懸命に説明しても、それはたんなる売り込みにしか聞こえないのです。

欲求がわかっていないなら、まずそれをはっきりとさせてあげることです。ここで登場するのが「質問」です。

営業の入り口のアプローチであれば、こんな具合に質問します。

「お客様、どのようなことを望んでおられるのですか？」

「ご自身の生活で、どのようにしたいとお思いなのですか？」

最終のクロージングに入る前の段階なら、

「お客様、いろいろお話しさせていただきましたが、もう一度、スタートに立ち戻って考えてみてください。お客様は最初、どうしたかったのでしょうか？」

「お客様、お客様の望んでおられたことは……でよかったでしょうか？　さらにつけ加えることはないですか？」

「いろいろお話しさせていただいた中で、『そうだ、このようにしたかったんだ！』なんて思い出したことはなかったですか？」

などと聞いてみるといいでしょう。

いかがでしょうか？「お客様は自分の欲求をはっきりとわかっていない」。このことがわかれば、あなたも営業の場で、きっと、きっと、次の言葉が出てきやすくなるはずです。「お客様の欲求を聞くのが先！　そして、はっきりとお客様自身に自分の欲求をわかってもらうことが先！」なのです。

POINT

「お客様は自分の欲求をはっきりとわかっていない」
何度もそう自分に言い聞かせよう！　そうすれば、説明よりも質問が先になる。

営業マンの役割は「お客様が自らの欲求をはっきりさせ、意志決定する」のを手助けすること

先述したように、営業活動では営業マンがお客様の欲求をはっきりとさせてあげることが一番重要です。実は、お客様は自分の欲求を突き詰めようとはせず、ほどほどのところでやめていることが多いのです。そして、欲求が漠然とした状態のままで情報を収集しがちです。ですから、大事なのは、情報収集することよりも、お客様自身の欲求をはっきりさせてあげることなのです。そうしないと、せっかく集めた情報が役に立たないばかりか、かえって邪魔になってきます。

特に現在のような情報過多の時代はなおさらです。だから今、世の中では、「整理」が流行っているのです。整理しないと収集がつかないほど物や情報が過多になってしまっているのです。

だからこそ営業マンは、お客様が何を求めて、どうしたいかをはっきりと整理してあげるのです。営業マンがその役割を果たしてあげるのです。

最も整理しないといけないのは、お客様の頭の中です。自分が一体何をしたいのか、そのために何を買えばいいのかを明確にしてあげることです。ただお店の回りをうろついたり、営業マンの話を聞いたりしただけでは、何も決まらないし、決められません。

私たち営業マンは、お客様がそのような状態にあると理解することが大事です。「お客様自身が情報を持っているので、よくわかっているはずだ」と思って話を次々に展開していないでしょうか。そうではなく、どこまでも大事なのはお客様の欲求です。欲求をはっきりさせてあげることなのです。

そのためには、先述したようにお客様の欲求を再度聞き出します。そして、それを強め、具体的にし、高めることです。そうすれば、お客様は自らの意志で、その商品・サービスを購入するようになります。営業マンが何も言わなくても、お客様自ら購入されるのです。

「お客様はお住まいを購入されたいとのことですが、お住まいのことはよくご存じですね」

「いろいろ勉強しているからね」

「そうですか、さすがですね。ところで、その中で、どのようなことを大事にされているのですか」

「それは、いろいろあるよ」

「お客様にとって一番重要なことは何でしょうか?」 欲求をはっきりさせる質問
「そうだな。やっぱり、居住性かな」

「なるほど、居住性ですか。それはなぜですか?」 欲求を強める質問
「やっぱり、住み心地がよくないと、心身ともにゆっくりできないからね」

「なるほど。では、どのような居住性があればいいですか?」 欲求を具体的にする質問
「やはり、天井が高くて、空間が広いのがいいね」

「そうですね。空間が広いと気持ちもゆったりとしていいですね。では、当社のこの住まいはどのように感じられますか?」

「なかなか、いいね」

「ありがとうございます。先ほどのお話でいくと、どのようにいいですか?」

「そうですね。特に、この一階のこの空間はいいね。それに……」

このように、お客様の「欲求をはっきりさせ、欲求を強め、さらに具体的にする」ことによって、何が重要かをしっかり確認していただけ、お客様自らが自発的に買われるようになります。

このように考えると、営業の目的は、どこまでも**お客様へのお役立ち**です。そして、そのお役立ちの方法は、売ることではありません。お客様の傍らに寄り添い、そして一緒になってお客様の欲求をはっきりさせることを手伝ってあげることです。

つまり、あなたという営業マンはお客様の最高の味方なのです。

POINT

情報過多の時代には、お客様は情報に惑わされ、自らが何を求めて、どうしたいかをはっきりさせていない。営業マンが傍らで一緒に欲求を整理してあげる必要がある。

質問でお客様から本音を引き出せ！質問でお客様に本音を吐露させよ！

質問型営業を指導する際に、私はこうアドバイスしています。「本音というキーワードを使うと効果があるよ」と。実際、この言葉を使って大きく成績を伸ばした方もいらっしゃいます。

先ほど、営業マンの役割は「お客様が自らの欲求をはっきりさせ、意志決定を手助けすること」とお話ししました。お客様が意志決定する時に、どうしても判断がつかなかったり躊躇している場合に、この「本音」という言葉を使うとよいのです。

「○○様、ところで、本音のところ、今回の商品のご採用についてはどのように思われていますか？」

「ま、前向きには考えたいと思っているけどね」

「そうですか、それはうれしいです。ご判断いただくのに、何か問題がありますか？

私でできることがあれば、ご協力させていただこうと思いまして」

「まー、あとは妻に一応話をしておこうと思ってね」

「そうなんですね。○○様は奥様を大事にされているのですね。ところで、○○様はご自身としては、採用したいというお気持ちなんですか。遠慮なく本音で言っていただければと思いますが」

「採用したいと考えているよ」

「そうですか。それはよかったです。それでは奥様は賛成いただけそうですか」

「それがだね。子供の受験も控えているのでね」

「なるほど。じゃ、あとはどのように奥様にご理解いただくかということですね」

「そうなんだよ。そこがね」

「わかりました。それについて一緒に考えてみましょう」

クロージングとは、お客様の欲求を明らかにして、お客様自らが意志決定を下すことです。このことを私はいつも「じょうご」を想像することでイメージをつかんでもらっています。「じょうご」とは、一升瓶などにお酒を注ぐときに使う、手元が広くなっていて、先が細くなっているあの「じょうご」です。じょうごでお酒を注ぐと、大きな入口から入ったお酒はどんどん絞り込まれていき、やがて小さく細い出口から勢いよく出ていきます。営業のクロージングはこれに非常によく似ています。最初、欲求は「興味や関心がある」という程度で、大きくて漠然としていますが、徐々に絞り込まれていきます。そして最後は「この商品が欲しい」というレベルまで高まっていきます。このプロセスがクロージングであり、それを円滑に進めるのが質問なのです。

ところが、いざ最終段階の購入となると、途端にテンションが下がって躊躇するお客様がいらっしゃいます。なぜならば、そこには**投資というリスクが発生するから**です。これは商品・サービスの問題ではありません。投資というリスクの問題なのです。ここで必要なのは、お客様自身がどうしたいかという欲求の核心部分、すなわち「本音」を知ることです。本音の欲求が高ければ高いほど、投資というリスクを乗り越えることができます。

お客様の本音を知るには、ズバリそれを聞いてしまうことです。たとえば、こんな具合です。

「お客様、本音のところはどのように感じられていますか？」
「お客様、本当のところは、どのように感じておられるのですか？」

このように聞くと、お客様は思わず本心を言ってしまうものです。そして、その本心こそが、お客様の心底の欲求に他ならないのです。お客様が自身の欲求を吐露することで、購入への道が開けてきます。

このように「本音」というキーワードの効果は絶大なのです。「本音への質問」。これこそがお客様をクロージングへと向かわせる強力な武器なのです。

POINT

「本音のところはどのように思っておられますか？」という質問は、お客様の最終のドアを開け欲求を引き出す武器になる。

スムーズにクロージングへと進むのは、お客様も望んでいること

クロージングについてお話ししてきたことをまとめると、次のようになります。

①クロージングとは、お客様が自ら動くこと。つまり、お客様が自分の欲求を知り、自ら買われるように持っていくこと
②ただ、お客様は、自分の欲求をはっきりとわかっていない
③営業マンは「お客様の欲求をはっきりさせ、意志決定を手助けする」役割を果たす
④そのために、お客様に質問して欲求を引き出し、本音を吐露させる

さて、ここまでがクロージングの流れですが、その間に、営業マンが一貫して行なうことがあります。それは、**お客様のサポート役に徹する**ということです。買われるのがお客様である以上、お客様が買いやすいようにサポートすることが大切です。お客様が欲求を

はっきりさせるための手助けをし、その欲求をかなえるためにどうすればいいのかをはっきりとさせ、そして、その欲求が間違いないことを自覚してもらうのです。

このように、営業ではすべてにわたってサポートするという感覚が必要です。営業マンは売るのではなく、お客様に自発的に買っていただけるようにサポートするのです。そうした接し方をしていると、お客様に追い返されなくなります。なぜならば、営業マンはお客様のサポート役に徹して、お客様に決断を迫ることがないからです。

もともと興味があって、お客様は営業マンの話を聞きました。ましてや、最後のこのクロージングの場面までお客様が話を聞かれたのであれば、なおさらです。興味がなければとうに話を打ち切られています。ですから興味があることは間違いないのです。しかし、先ほど述べたように、お客様は投資というリスクを背負うため、簡単には判断ができない場合もあるのです。

その時に、営業マンが判断を迫るとどうなるでしょうか。「一度また考えてから連絡するよ」とか、「帰って、妻（夫）に相談するよ」という具合になってしまいます。

営業マンがすることは、決断を迫ることではないのです。**決断をしやすいようにサポートすること**です。そのためには時間を惜しまず疑問に答え、問題を解決してあげることです。それによって、お客様は営業マンのことを信頼し、その営業マンから最終的に買いたいと思うようになるのです。ところが多くの営業マンはこのことがわからず、商品・サービスの説明が終わると、すぐさま決断を迫ります。一通りの商品・サービスの説明が終わってしまうと、なんとなく手持無沙汰になります。すると気まずい空気になり、何かを言わなければいけない雰囲気になるのでしょう、こんな風に言ってしまいます。


「お客様、商品・サービスのお話をさせていただきましたが、いかがでしょうか？」

「そうですね、よさそうですね」

「ありがとうございます」

「では、どのようにされますか？」

「まー、いいとは思いましたが、もう少し考えさせてもらえますか？」

「そうですか、でも今、決めてしまわないと、なかなか決められないのが人間ですから」

「他の人はどうか知りませんが。私は慎重に考えたいのです」

「そうですか、ではいつご返事を？」

「それはわかりません。自分が納得してから決めたいのでね」


こうなったら、せっかくいいプレゼンテーションをしても水の泡です。クロージングでの言葉を間違うと、こんな最悪のパターンを招きます。

クロージング時にお客様の心理をわかっている営業マンならこう言います。

「お客様、商品・サービスのお話をさせていただきましたが、どのように感じられましたか?」

「そうですね、よさそうですね」

「ありがとうございます。どのようなところをそのように感じてもらいましたか?」

「お話の中の……が特によさそうですね」

「そうですか、それはうれしいです。じゃ、これを使うとどんな感じになりますか?」

「そうですね、……のようになっていくかな」

「それは、いいじゃないですか。そんな風にお客様に使っていただければ嬉しいですね」 試しのクロージング

「そうですね」

「他には、気に入ったところはありましたか?」

「そうですね。――もいいですね」

「それもうれしいですね。――の何がいいですか?」

「こういうのって、意外に気がつかない心遣いですものね」

「なるほど、では、本当にうまく使ってもらえそうですね」　試しのクロージング

「そうですね」

「それでは、ご自身では使ってみたいと思っておられますか？」　試しのクロージング

「そうですね」

「では、あと何か気がかりなことなどありますか？」

「あとはお値段ですね」

「そうですね。では、そこのところのお話をしましょうか？」　試しのクロージング

「そうですね」

いかがですか。このように「質問」によって、お客様の気持ちを確かめつつ、お客様の購入に向けた気持ちを固めながら自然な形でクロージングへと進むことができるのです。

POINT

「質問」はお客様の気持ちを見抜き、そして、優雅にスムーズにクロージングへと入っていける強力な武器。

「質問」によるクロージングはお客様に歓迎され、喜ばれ、感謝される

クロージングとは、「お客様が購入するためにお客様自らが判断する段階」です。それをサポートするのが営業マンの役割です。そのために「質問」し、お客様が判断しやすくなるようにお手伝いします。実は、こうした発想は今までにない新しいものです。

「いかにお客様に売るか」から、「いかに手助けできるか」という発想の転換です。

私は常々、「ありがとう」はお客様から言われるべきだと思っています。もちろん、時間を割き、こちらの話を聞いてくださったお客様にお礼を言うのはよいことでしょう。でも、少なくとも、営業マンはお客様が求めておられるものを提供するのですから、やはり「ありがとう」はお客様から言われるべきだと思っています。

「あなたのおかげで、いいものを買うことができました。ありがとう」

「具体的にアドバイスしていただき、助かりました。ありがとう」
「自分が何を望んでいるかがわかり、満足いく買い物ができました。ありがとう」

このような言葉をいただければ、営業マンとして本望です。私たちはお客様を手助けするためにいるのです。会社の売上を上げるためにいるのではありません。お客様の要望を聞き、それにお応えできる商品・サービスを提供していくうちに、当然売上は上がるのです。売上の目標を持つことは重要でしょう。しかし、もっと重要なのは、「何のためにその仕事をしているか?」です。

商品・サービスがお客様のお役に立ち、喜んでいただけるからこそ提供しているのです。生活をするために提供している、家族を養うために仕事をしているという人もいるでしょう。しかし、それはあくまでもこちら側の事情です。お客様、ひいては社会に喜んでいただけるからこそ提供しているのです。

そのためには、まずはお客様の声を聞かせていただかなければいけません。お客様は何を望んでいるのか、何を課題として持っておられるのか、何を解決したいと思っておられるのか？　ニーズは何なのか？　これらのことを聞かせていただくのが先です。あくまでもお客様が先、相手が先なのです。

そこで必要なのが「質問」です。お客様はなかなか自らの思いを語ってはくれません。だからあなたから口火を切って質問するのです。お客様によっては、言いたくても言えない、表現できない、ということもあるでしょう。そういう時こそ優しく親身になって聞くのです。あなたがお客様の心の友となり、親友のようになって聞いてあげるのです。

そして、いよいよ契約の場面まで進んだら、最終的にもう一度質問します。

「お客様、この商品・サービスの内容を聞かれてどのように感じられますか？」
「お客様、この商品・サービスの効果でどのようになると思われますか？」
「お客様、この商品・サービスの使い方についてはご理解いただけましたか？」

こうしっかり聞くことです。こうしたことを何度も聞けば、お客様はますます納得し、感謝してくださるようになります。購入に際しての営業マンの態度が、その後のお客様との関係を決め、販売後のフォローがうまくいくかどうかまでを決定づけるのです。

これらのことは、すべてクロージング時の質問によって決まるのです。クロージング時の質問によって、営業マンはお客様に歓迎され、喜ばれ、感謝されるようになるのです。

POINT

クロージングの場面での「質問」は、営業マンがどれくらいお客様のことを考えているかの証。この場面で「質問」するからこそ、お客様に歓迎され、喜ばれ、感謝されるようになる。

2章

お客の心理にぴったり合わせるクロージングの「5つの質問」

質問1 「話をお聞きになって、お客様はどのように感じておられますか？」

感じる・思う ➡ 考える ➡ 行動する ➡ 結果が出る

さて、ここからは、クロージングをどのように進めていけばよいかについて、具体的にお話ししていきます。ここで大切なのは、次に示す「人間の行動原則」をしっかりと頭に入れておくことです。

（人間の行動原則） 感じる・思う ➡ 考える ➡ 行動する ➡ 結果が出る

私たち人間は、このプロセスにそって行動します。

私たちが刺激に出会うと、そこで何かを感じ、思います。その中に欲求があるのです。何かを感じ思うと、次はそこから考えるようになります。そして、考えがまとまると行動を起こします。そして結果を出します。たとえば、こんな具合です。

「お腹がすいたなー」　**感じる・思う**

⬅

「家に食事の用意がないので、どうしよう?」「じゃ、外へ食べにいこう」　**考える**

⬅

「用意をして出かける」　**行動する**

⬅

「レストランで食事をしてお腹がいっぱいになり満足」　**結果が出る**

これが、人間が行動を起こすスムーズな流れです。要するに、人は自らの欲求にしたがって動く、ということです。

クロージングの段階では、お客様が最終的に自ら購入する、という状態になればいいのです。お客様にそのような行動（購入）を起こしていただくために、まず必要になるのが、この行動原則の「感じる・思う」の段階です。あなたが商品・サービスの説明（プレゼンテーション）を行なうと、お客様はそこで商品やサービスに関する情報を得たことになります。その際に、何かを「感じ、思って」いただいているはずです。だからそこで、**「い**

かがですか？　どのように感じられましたか？　どのように思われますか？」と質問すればいいのです。営業マンの話や情報にお客様がどのようなことを「感じられ、思われたか」をまずここで立ち止まって聞くのです。そうすれば、そこからお客様は自分の感じたこと、思ったことを認識し、それが次のステップにつながっていくのです。

ところが多くの方はこの段階で立ち止まることができず、一気に突っ走ってしまいます。「いいでしょう。この商品は」「このようにみると、お客様にはぴったりの商品です」「どうですか？　採用されませんか？」。不用意にこんな言葉を投げかけて、すぐにでも契約を取ろうとします。

私が「感じることや思うことを聞いてください」と言うと、「プレゼンテーションの後にお客様の感想を聞いて、もしマイナスの言葉がでたらどうするのですか？」と言われる営業マンがいます。確かにお客様がマイナスの反応を示すこともあるでしょう。しかし、そのような感情を持っているお客様に、いくら営業マンがクロージングを迫っても、購入されることはないのです。仮にお客様が購入されたとしても、潜在的にマイナスの感情を持って購入するのですから、その後クレームが発生したり、キャンセルされることもあるでしょう。これは「営業はお役立ち」という観点から考えれば、決していいことではありません。ですから、感想を聞いて、誤解や疑問があるなら、ここでしっかりと解消する必要があるのです。誤解や疑問を取ることができれば、むしろその後、無理なくクロージングに入っていけるようになります。

多くの営業マンは、「ちゃんと説明したので、お客様はわかってくれているだろう」と勝手に思い込んでいます。ところが実際には、営業マンの話を聞いても、お客様が「わかる」ことと、実際に「行動する」ことは別なのです。行動は、あくまでもその人の「感じる、思う」という感情から来ます。だからこそ、まずはお客様に聞く必要があるのです。

「お客様、ここまで説明させていただきましたが、どのように感じられましたか？」
「お客様、お話を聞いていただき、どのように思われましたか？」

これこそがクロージングのスタートであり、第一歩なのです。

POINT

人間の行動原則は「感じる・思う→考える→行動する→結果」なので、クロージングは「お客様、話を聞いて、どのように感じられますか？」「どう思われますか？」で始まる。

やってはいけない「どうですか？」「いかがですか？」だけの単体質問

感じる・思う ➡ 考える ➡ 行動する ➡ 結果が出る

よく、商品・サービスの説明が終わり、いよいよクロージングというときに、お客様にこう聞く営業マンがいます。

「どうですか？」「いかがですか？」

実は私も過去にこのように言っていた一人でした。しかし今は、これほど不用意な言葉はないと思っています。

商品・サービスの説明後のお客様の気持ちを考えてみてください。お客様は多少なりとも興味があったので、営業マンの話を聞いたのです。本当に多少の興味だったかもしれません。しかしその後、どんどん話が展開していき、最後まで聞いてしまいました。すると、営業マンに「どうですか？」「いかがですか？」と言われます。この言葉は、お客様にとって非常に重いものになります。この時の「どうですか？」「いかがですか？」は、お客様にとっては「どうですか？　採用しませんか？」「いかがですか？　買われませんか？」という風に聞こえてしまうのです。そんな質問をされると、まだ、自分の考えを十分に整理できていないお客様はこう言います。「ちょっと、考えるね」「一度、考えさせてね」。すると、営業マンは何も言えなくなってしまいます。お客様もその後、貝のように心も口も閉ざしてしまいます。このような状況になってしまうと、いくら営業マンがいろいろ話しても、お客様には説得にしか聞こえず、営業マンの話がかえって逆効果になってしまうのです。

このように、クロージングに入る状況下での「どうですか？」「いかがですか？」だけの単体質問は、お客様にとっては決断を迫られているようにしか聞こえません。お客様の本心は「ゆっくり考えさせてくれ！」「もっと、私の意見を聞き、質問に答えてくれ！」なのです。ところが、そんなお客様の気持ちをわからず、プレゼンテーションが終わったとたん、「どうですか？（採用しませんか？）」「いかがですか？（購入しませんか？）」なのです。そんなに決断を迫る質問をする営業マンが嫌がられるのは当たり前です。

もう少し、お客様の気持ちになりましょう。別にお客様は買わないと言っているのではないのです。興味はあるのです。ただ、もう少し、自分の気持ちを整理したいのです。もう少し、いろいろな情報を聞きたいのです。納得いけば買うのです。営業マンはそんなお客様の気持ちに応えてあげてほしいのです。営業マンこそアドバイザーであり、カウンセラーであり、コンサルタントです。お客様の親友なのです。営業マンがそのような人になれば、お客様は一度と言わず、何度となく営業マンのところに足を運ぶでしょう。電話をかけてくるでしょう。何度となく、です。

「どうですか?」「いかがですか?」と言いたくなったら、次のように言葉を補足してください。「どうですか? どのように感じられましたか?」「いかがですか? どのように思われましたか?」。

このようにして、とにかくお客様の気持ちを聞いてあげるのです。お客様の話を聞いてあげるのです。お客様に質問し、本音を引き出してあげるのです。特に、お客様にお話ししてもらうことは重要です。お客様は自分で話しながら、納得し、やがて確信していくのです。そして、極端に言えば、「これを買うために自分は来たのだ」と思っていただけるようになるのです。

クロージング時のお客様の気持ちを理解しましょう。
クロージングのスタートは、

「どのように感じられましたか?」
「どのように思われましたか?」

です。

そして、この質問をきっかけにお客様の気持ち、そして欲求を話してもらうのです。

POINT

「どうですか?」「いかがですか?」の単体質問はお客様に決断へのプレッシャーを与えてしまうので要注意。「どのように感じられました?」「どのように思われますか?」と質問する。

「どのように感じられました?」でお客様の理解度・購入意欲を計る

感じる・思う ➡ 考える ➡ 行動する ➡ 結果が出る

「どのように感じられました?」「どのように思われますか?」とまず質問し、お客様の話を聞きましょう。その質問を受けてお客様が話してくださった「感じたことや思ったこと」は、お客様の紛れもない感想です。あなたの話を聞いて、そのように感じ、思ったという事実なのです。まずは、このことを受け止めましょう。そして「なるほど」「そうなんですね」としっかりと共感します。

その時、はじめて、お客様があなたの話をどれくらい理解しているか、どんなところが不明確なのかがわかりますし、お客様が商品・サービスについて、どういった気持ちをお持ちなのかもわかるようになるのです。

私の質問型営業の研修では、よく「絵の伝達ゲーム」をやってもらいます。まず参加者二人がペアになり、前後に座ってもらいます。後ろの人（Aさん）にある絵の書かれた用紙を渡し、前の人（Bさん）には白紙を渡します。3分ほどの時間の間に、Aさんはその紙に書いてある絵を言葉だけで説明してBさんに伝えます。Aさんは言葉だけで伝えますが、その際にBさんはAさんに質問してもOKです。ただし、AさんはBさんの書いている絵を後ろから覗いてはいけません。二人のコミュニケーションによって、どれくらい正確にその絵が伝わるかというのが「絵の伝達ゲーム」です。

3分で終了し、お互いにその絵を見せ合います。そうすると、「えー？」とか「なんでー」、あるいは「むずかしいー」「全然、わかってくれていない」など驚きの声とともに、落胆の声が各チームから出てきます。Aさんが言葉で説明したことが、Bさんにはまったく伝わっておらず、違う絵になっているからです。

そこで、私は言います。「皆さん、これが私たちの営業の現場で起こっていることです！」と。さらにこう続けます。

「この場合、Aさんが営業マンの立場で、Bさんはお客様の立場になっています。営業マンのAさんは自分の提供する商品・サービスをしっかりわかっています。しかし、それを説明しても、お客様のBさんにはほとんど伝わっていません。そこで、営業マンAさんは商品・サービスをさらに伝えようとします。ところが、いくら一所懸命に伝えても、相変わらずお客様のBさんにはまったく伝わっていないのです」。
私がこう言うと、驚きと落胆の声が失望のため息に変わります。こうして、参加者は営業マンとしてお客様に伝える難しさをはじめて実感するのです。

このように、営業マンが伝えてもお客様には伝わらないからこそ、「どのように感じられました?」「どのように思われますか?」と聞く必要があるのです。これによって、営業マンは、自分の話がお客様にどれくらい伝わっているかがわかるのです。そこからはじめて営業が始まるといっても過言ではないでしょう。

もうひとつ。1章で「お客様は自らの欲求によって買われるのだ」とお話ししました。商品・サービスの説明が終わった後に、「どのように感じられました?」「どのように思われますか?」と聞くことは、お客様の欲求について聞くことにもなるのです。この「感じ、思っていること」の奥に欲求が隠れているからです。感じていること、思っていることを話しているうちに、お客様自身の本心（欲求）が引き出されてくるのです。

「なかなかいいですよね……」「――のところが便利そうですね」「これって、買われた方の評判はどうなのですか」「いいとは思うのですがね……」。こうした言葉は、実は、「欲しいなぁー」という欲求の現われなのです。それがわかれば、営業マンは次の段階に入ることができるのです。

「どのように感じられました?」「どのように思われますか?」と聞くことで、お客様の商品・サービスに対する理解を把握できるとともに、お客様自身の商品・サービスに対する欲求の度合いも計ることができるのです。

POINT

「どのように感じられました?」「どのように思われますか?」という質問の効果は絶大。こう聞くことによって、お客様の商品・サービスに対する理解と欲求がわかるからだ。

決断しようとするとき、お客様の心は揺れている。だからこそ「共感」が重要

感じる・思う ➡ 考える ➡ 行動する ➡ 結果が出る

クロージングの段階に入ったお客様の心理は、実に複雑で繊細です。

「本当にこの商品・サービスでいいのだろうか？」「この商品・サービスで間違いないのだろうか？」「この営業マンの話を信用していいのだろうか？」など、言葉には出さなくても、お客様の心の中は揺れています。

これは、商品・サービスに疑問があるとか、営業マンの話が信用できないということではありません。「本当に私はこの商品・サービスでいいのだろうか？」「これを購入して私は使い切れるのだろうか？」「私自身がメリットを得ることができるのだろうか？」と、自分が商品・サービスを活用できるかどうか、確信が持てないのです。これはお客様自身の問題なのです。

ここで重要になるのが営業マンの「共感」です。

共感とは、お客様の心を理解することです。あなたがお客様の側に立って、しっかりとその気持ちをわかってあげることです。

「そもそも、お客様はその商品・サービスに興味があって、この話を聞かれた。でも、いざ購入するとなると費用がかかる。そこで、判断に迷うのは当たり前だ。お客様がそのように感じるのは、感情を持っている人間として当然だ」とわかってあげることです。

どんな人でも、「興味と不安」「購入とリスク」という狭間で心が揺れるのです。営業マンのあなたも、日常でお客様になった時には、きっと同じような感情を持ったはずです。その時のことを思い出し、お客様の気持ちをわかってあげることです。


これが「共感」です。お客様の気持ちを理解し、お客様の心を理解してあげることです。そして、お客様に自信と確信を与えてあげることです。その上で、お客様自身に判断してもらうのです。それができるのは、お客様の目の前にいる営業マンのあなたしかいません。

共感はこの本のメインテーマである「質問」と同等、あるいはそれ以上に重要です。共感するために質問しているといってもいいかもしれません。

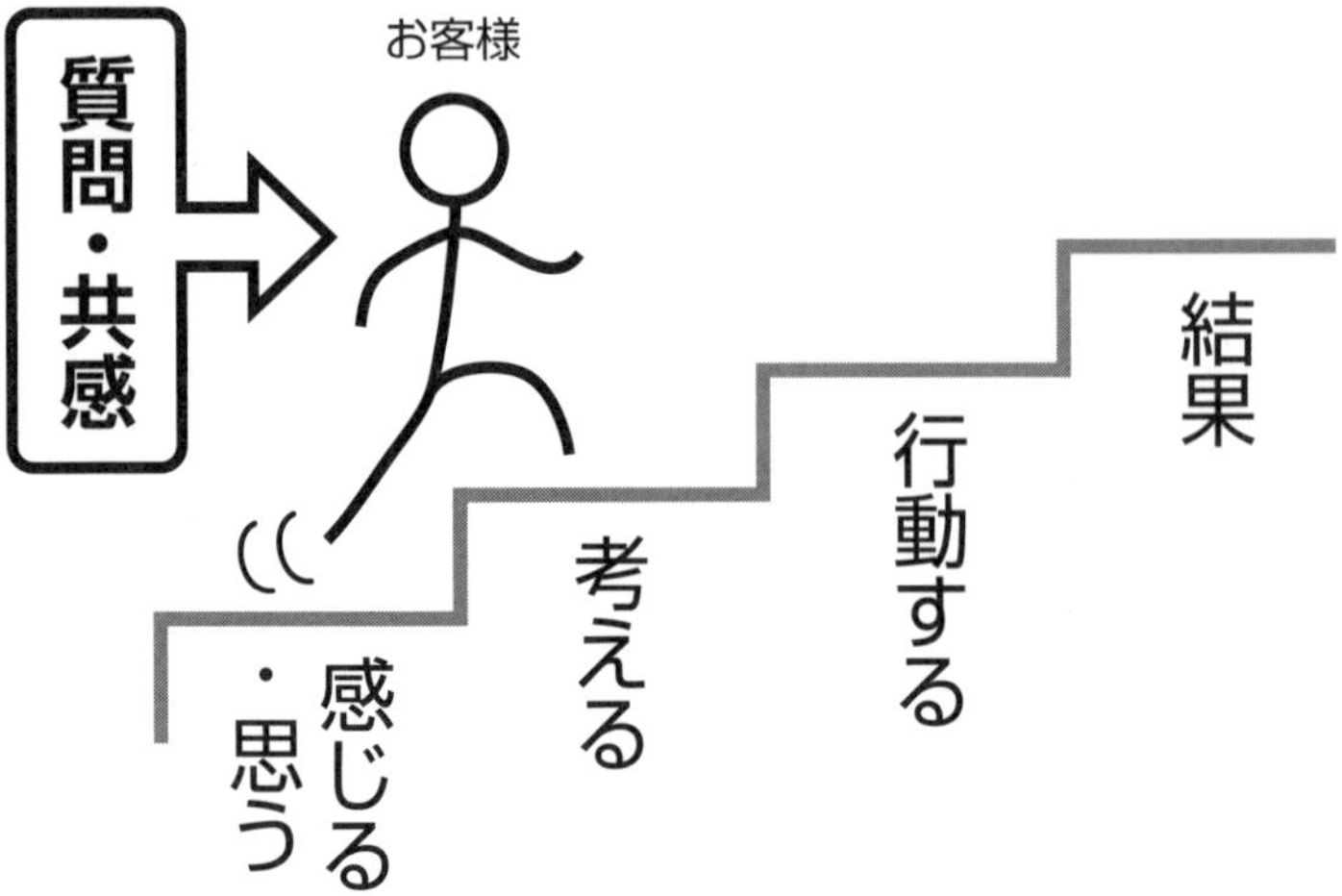

なぜ、それほど共感が重要なのでしょうか？　それはお客様が購入という行動を起こすには、「感じる・思う→考える→行動する→結果」の段階を自ら経なければいけないからです。あなたがいくら説得しても、お客様が自らの意志でこのプロセスを踏まなくてはなりません。あなたがお客様の購入を決めることなどできないのです。あなたにできるのは、お客様の購入への段階で手助けしてあげることなのです。

ところが、このことをわかっていない営業マンがなんと多いことでしょうか。極端なケースでは、あたかも自分がスーパー営業マンで「自分がいけば、どんなお客様も落とせるのだ」と言わんばかりに、お客様を強引に説得するような営業マンがいます。このような営業マンを見ると、私は悲しくなります。営業とはお客様をサポートすることです。お客様の側に立ち、お客様の気持ちを押し進めてあげることです。

それを可能にするのが「共感」なのです。共感とはお客様の気持ちを認めることです。決してお客様の言うことをすべて受け入れることではありません。お客様の気持ちを理解し、お客様の心を理解し、お客様に自信と確信を与えてあげることです。その上で、お客様に自ら判断してもらうのです。それができるのは、お客様の目の前にいる営業マンしかいないのです。

POINT

営業マンの共感とは、お客様の側に立って、しっかりとその気持ちをわかってあげること。気持ちをわかった上で、お客様の判断に自信と確信を与える。

質問 2

「たとえば？」「具体的には？」でお客様の五感に訴える

感じる・思う ⬇ 考える ⬇ 行動する ⬇ 結果が出る

プレゼンテーションで商品・サービスの説明がすんだら、「いかがですか、ここまでで、どのように感じられましたか？」「どのように思われましたか？」と聞くのです。そうすれば、お客様は素直に感想を言ってくださいます。言っていただけない場合は、さらに、こう言えばいいのです。

「遠慮なく、本音で何でも感じること、思うことを言っていただけませんか？」

すると、こんなことを言ってこられるでしょう。

①「よさそうだね」「いいと思いますよ」

②「難しそうだね」「私に使えるかな？」

③「あまり、よくわからない」「活かせるのかな」

大方の場合、この3つのうちのどれかに当てはまると思います。最初から具体的に答えてくださるお客様もいらっしゃいますが、多くの場合、右に示したような感想を述べられるのではないでしょうか。いずれの感想でも、しっかり共感し、そのあと、すかさず質問するのです。

この時に、間違っても、お客様の言葉に反応して、自分の商品・サービスの利点をさらにまくしたてたり、反論したりしてはいけません。それをすると、一瞬でお客様が売り込まれていると感じ、防御の態勢を取られます。

「そうですか。ありがとうございます。そのように感想を言っていただいてうれしいです。たとえば、どういうところが、いいと思っていただけましたか？」

「具体的に、どのようなところが、難しそうでしたか？」

「たとえば、どのようなところが、わからない感じですか？」

このように、「たとえば？」「具体的には？」と質問することで、よりお客様に具体的に言っていただけます。

「～のところがいいですね」

「～のところが難しそうですね」

「～のところがわからないですね」


少し踏み込んでこのように言われたら、またしても共感して、さらに「もう少し具体的に聞かせてもらってもいいですか？」「～のところというのは、具体的にはどういうところでしょうか？」と言うのです。たとえば、

「お客様、ここまでで、どのように感じられましたか？」

「はい、確かにいいなと感じましたね」

「なるほど、たとえば、どういうところがいいと感じられました？」

「そうですね、この商品を使ったメリットかな」

「そうですか、それはありがとうございます。そのメリットのところをもう少し、具体的に聞かせてもらえますか？」

「私は仕事で忙しいので、この商品があれば時間の節約になると思いますね」

「なるほどね。お客様、具体的にはどのように時間の節約になりますか」

「そうですね、朝の時間が特に助かりそうですね」

「なるほど、それはどういうことですか」
「朝の時間にこの商品があれば、少なくてもばたばたしないですみますね」
「なるほど、そういうことですね」

このように答えてもらうことで、営業マンは、お客様がどのようなことを感じているのか、思っているのか、あるいは、考えているのかが、どんどん具体的にわかってきます。また、どの点をよさそうだと思っているのか、どんなところが難しそうなのか、わからないと思っているのかも、わかるようになります。

ここは非常に重要なところですので繰り返しますが、具体的に聞けば聞くほど、お客様が頭の中で考えていることやイメージが営業マンの頭の中に乗り移っていくとともに、お客様の感情がよりはっきりとわかるようになります。

お客様にとってもこの質問は非常に重要です。お客様は、このような質問を受けることによって、より明確に自分の思いを表現するようになるからです。「～のところがよさそうだ」「～のところが難しそうだ」「～のところがわからない」と語る中で、お客様は自分の気持ちや欲求が、よりはっきりしていくのを感じるようになります。
そしてお客様自身は、「自分がどういうところがよいと思っているのか」「どういうところが難しいと思っているのか」「どういうところがわからないのか」を自覚するのです。これによって、次の段階へと入っていけるのです。

感想を聞いたら、さらに具体的に「たとえば？」「具体的には？」とどんどん聞きましょう。不思議なもので、お客様は自分の理解や気持ちを惜しみなく言ってくれます。その時に、はじめて営業マンはお客様の気持ちや欲求がよりわかってくるのです。

POINT

「いかがですか、どのように感じられましたか？」の次は、「たとえば？」「具体的には？」。これによってお客様がどれくらい理解して、どういう気持ちや欲求を持っているかがわかる。

ネガティブなことを言われたら、さらに具体例を掘り下げる

感じる・思う ⬇ 考える ⬇ 行動する ⬇ 結果が出る

先ほど、お客様の反応が「難しそうだ」とか「よくわからない」など悪い場合もある、と書きましたが、ここではその場合の対処法をお話しします。基本的にこれらの言葉は、言い訳とか逃げ口上として受け取っていただくといいでしょう。そもそもお客様は、興味があるからあなたの話を聞かれたのです。だから、お客様の反応が悪くても恐れる必要はなく、むしろ、堂々と対応すればいいのです。

■「難しそうだね」「私に使えるかな？」と言われた場合

「お客様、ここまでで、どのように感じられましたか？」

「いや、難しそうだね。私には使えるかな？」

「なるほど、たとえば、どういうところをそのように思われましたか？」

「いや、私はとっても忙しいからね」

「そうですか、正直なお気持ちを言ってくださりありがとうございます。その時間的なところをもう少し、具体的に聞かせてもらえますか？」

「私は仕事で忙しいので、この商品を使う時間があるかなと思ってね」

「なるほどね。お客様、どれくらい忙しいのですか？」

「そうだね、とにかく今は取りかかっているプロジェクトにほとんど時間を使っているんだ。休みもないくらいだね」

「なるほど、それは大変ですね。ところで、お客様はなぜこの商品のお話を聞かれたのですか？」

「それはもちろん、この商品でより生産性を高めたいと思ったからだよ」

「なるほどね、では、どのようにすればこれを使うことができるか、考えませんか？」

「そら、そうだがね」

「事実、これについて考えておられた多くのお客様が同じような状況でしたが、思い切って取り組まれて本当によかったと言われていますよ。ですから、お客様にもきっと喜んでいただけると思います。たとえば、この時間帯なら、なんとかなると思う時間はありませんか？」

「そうだな。じゃ、朝の時間なんてどうかね?」

「なるほど、その時間は毎日あるのですか?」

「そうだね。取れないことはないね」

「なるほど。どれくらい取れそうですか」

「まー、30分くらいなら、なんとかいけそうかな」

「それはいいですね、それぐらいの時間なら十分です」

「そうだね。それならいけそうだね」

■「あまり、よくわからない。活かせるのかな」と言われた場合

「お客様、ここまでで、どのように感じられましたか?」

「あまり、よくわからないので、活かせるのかなと思うのです」

「たとえば、どういうところをそのように思われましたか?」

「いや、使い方が複雑な感じがするのです」

「そうですか、正直なお気持ちを言ってくださりありがとうございます。そこのところをもう少し、具体的に聞かせてもらえますか?」

「そうですね、今までのものに慣れているので、新しいことを覚えないといけないのが大変そうですね」

「なるほど、確かにそう思われることもあるでしょうね。ところで、お客様はなぜこの商品のお話を聞いてみようと思われたのですか？」

「それは、現状をよくしたいと思ったからですよ」

「なるほどね。では、どのようにすればこの商品の操作に慣れるか、考えませんか？」

「そうですね」

「事実、これについて考えておられた多くのお客様が同じような状況でしたが、思い切って取り組まれて本当によかったと言われていますよ。ですから、お客様にもきっと喜んでいただけると思います。たとえば、どういうところが難しそうですか？」

「そうですね。ボタンのところが難しそうですね」

「なるほど、では、その部分に慣れる方法をご説明させていただきましょうか？」

「そうですね」


このように、お客様が言い訳や逃げ口上を言われるというのは、購入後の活用に確信が持てないからです。ただ、もっと大事なことは購入後の活用よりも、そもそも、**なぜ、こ**

の商品の話を聞こうと思ったのかの欲求です。その欲求をまず思い出させてあげるのです。その上で、「活用が難しそうだ」という問題に取り組み、確信を与えてあげれば、解決に向って動き出します。その確信を与える言葉が「事実、これについて考えておられた多くのお客様が同じような状況でしたが、思い切って取り組まれて本当によかったと言われていますよ。お客様にもきっと喜んでいただけると思います」です。

お客様がどのような反論や逃げ口上、あるいは言い訳と思われるような意見を言われたとしても、まず共感することです。そして、「たとえば？」「具体的には？」とさらに掘り下げてその内容を聞かせてもらうことです。そして次に、そのような状況の中で、お客様はなぜこの話を聞かれたのかの本心、つまり欲求を聞かせてもらうことです。その上で打開策を考えることです。

※さらに躊躇がある場合は、4章をご覧ください。

POINT

お客様の反論や逃げ口上には、まず共感。そして「たとえば？」「具体的には？」で掘り下げ、欲求に立ち戻ろう。そうすれば打開策が見えてくる。

質問3

「ということは？」で商品の重要性を気づかせ、購入へと導く

感じる・思う → **考える** → 行動する → 結果が出る

「たとえば？」「具体的には？」と質問することにより、お客様はいろいろ具体的に話してくださいます。そこから、さらに具体的に話していただく質問をすることで、より深い部分まで聞くことができます。すると、営業マンがお客様の気持ちを具体的に聞けるだけでなく、お客様も自分の気持ちを再確認し、その商品を使っている場面を描き出すのです。そして、心の中でこんな風に呟きます。

「今までいろいろ考えていたが、やっぱりこの商品はいいかもしれないな。あまり考えてもしようがないしなー。これにしておくか」

このときに、最後に言っていただくのが、「**ということは？**」なんです。もう少し詳し

く言えば、「ということは？」どのように考えますか？」と言うことなのです。

この章のはじめにお話ししたように、「人間の行動原則」は以下の通りでした。

（人間の行動原則）感じる・思う ⬇ 考える ⬇ 行動する ⬇ 結果が出る

この流れを見ると、おわかりいただけるでしょう。「ということは？」は、今までお客様が自ら話した「感じたこと・思ったこと」の内容を実感いただき、自らの「考え（意思）」へと導く質問だということです。つまり、この質問によって、お客様が自分自身の感想に納得して、購入への考え（意思）へと結論づけることができるのです。

このように言うと、「購入への考え（意思）など、なかなかお客様から言いにくいのではないですか？」と言われることがあります。そういう営業マンは、私にこう言います。「だからこそ、営業マンが、『そういうことでしたらお客様、ご採用されませんか？』と言ってあげるのです」と。

それも一理あるでしょう。確かに購入の気持ちをお客様自ら言っていただくのは難しいことかもしれません。しかし、お客様に自ら話していただくからこそ、お客様はその商品を購入するのだという実感を強め、決意をますます深めることができるのです。

59ページの続きでいきますと、

「朝の時間にこの商品があれば、少なくてもばたばたしないですみますね」

「なるほど、そういうことですね。お客様、いろいろとお話を聞かせていただき、ありがとうございます。ということは、この商品についてはどのように考えておられるのですか?」

「いや、いいと思うよ」

「ありがとうございます。ということは?」

「そうですね、できれば採用したいですね」


このようにナビゲートして、購入への考え（意思）を言っていただくのです。


63ページの反論の部分でも同じように進めます。

「それは、いいですね、それぐらいの時間なら十分です」

「そうだね。それならいけそうだね」

「なるほど、お客様、ということは、この商品の活用についてはいけそうですか?」

「そうだね」

「ということは、その活用法もふくめて、この商品についてどのように考えておられますか？」

「まーこのような活用ができるのなら、いいかもしれないね」

「ありがとうございます。ということは？」

「そうですね、採用に前向きに考えましょうか」

64ページの場合ならば、

「なるほど、では、その部分に慣れる方法をご説明させていただきましょうか？」

「そうですね」

「了解しました。その部分はですね。……（説明をする）」

「お客様、お話を聞かれて、どのように感じましたか？」

「まー、このような方法ならできるかもしれませんね」

「ご理解いただきありがとうございます。他に何か、ご質問とかありませんか。なんでも言っていただいたらと思っています」

「いや、だいたいわかりました」

「では、お客様、いろいろお話しさせていただきましたが、お話を聞かれて、この商品についてどのように考えておられますか?」
「そうですね。いいかもしれませんね」
「ありがとうございます。ということは?」
「そうですね。やってみましょうかね」

このように、お客様自身に購入への意思表明をしていただくことです。ここが重要なところです。営業マンがいくら購入を勧めてみたとしても、それは営業という仕事柄言っているとしか思われません。だからこそ、お客様に、自分の口で言っていただくことが重要なのです。ここを乗り越えたら一気にお客様は購入へと進み出すのです。

「ということは?」は、お客様にとっても、営業マンにとっても、締めとなる重要な質問なのです。

POINT

お客様に感想をお話しいただいたら、最後にそっと「ということは?」と質問する。この質問が、お客様の気持ちを購入への考え（意思）へと大きく進める。

「ということは?」「たとえば?」「具体的には?」だけで会話はできる

感じる・思う ➡ 考える ➡ 行動する ➡ 結果が出る

「ということは?」は、お客様の気持ちを固める質問です。この質問で、購入への気持ちを固めてもらいます。なぜそれが可能になるかというと、「ということは?」は今までお客様が話してくださった言葉をまとめていく質問だからです。

1章で「じょうご」のお話をしましたが、ここで再度思い出してください。じょうごの大きな口から注いだものは、細い口へと流れていきます。「ということは?」はこのじょうごの役目を果たします。つまり、口の大きなところは、お客様の気持ちなどについて具体的にいろいろ聞いた状態です。それらをまとめるのが、このじょうごの細い口であり、「ということは?」という質問なのです。

結論を得たならば、そこからさらに具体的に聞くこともあります。それはちょうど、じょうごを逆さまにした状態です。これが「たとえば？」「具体的には？」と質問することなのです。

実は、質問がまだまだへたくそだった当時、私にとってこの2つの質問は強力な武器でした。なぜなら「たとえば？（具体的には？）」と「ということは？」だけで、十分にクロージングに入っていけるからです。

少し、その例を示してみましょう。

■「iPad」を営業する場合

「お客様、この商品についてはどのように感じられましたか？」

「そうですね。よさそうですね」

「ご理解いただき、ありがとうございます。たとえば、どのような所をそのように感じていただいたのですか？」

「そうですね。調べものなどもどんどんできそうですからね」

「それは、具体的にはどういうことですか？」

「私はインターネットでよく調べものをします。ただ、よく外出しますので、その際にも外でインターネットで調べものをするのにいいですね」

「そうですか。ということは？　この商品をどのように思われますか？」

「そうですね。役立ちそうですね」

「ありがとうございます。たとえば、仕事では他にどのように役立ちそうですか？」

「そうですね。やはり、仕事のバリエーションにも対応してくれそうですね」

「ということは？」

「自分の仕事は現場がいろいろ変わりますので、そういうときに便利ですね」

「それは、具体的にはどういうことですか？」

「やはり、ちょっとした調べものにいいですね。携帯ですと画面が小さいので見にくいですからね。それに、色合いも綺麗なのでよくわかります」

「そうですか、よくこの活用法をイメージしていただいているようですね。ということは、活用においても、いけそうですか?」

「そうですね、いいですね」

「ありがとうございます。ということは、お客様にとってこのご採用については、どんな感じですか?」

「そうですね。買ってもいいかなと思います」

「そうですか。気に入っていただきうれしいです」


実際に私は何年も前に、このように2つの質問を徹底的に使いました。もちろん、会話の中にはもう少し混み入った表現や〝間〟なども必要になります。しかし、おおまかな流れとしては、このような形で十分前に進むことができます。

質問型営業を始めた当時、「『たとえば?』と『ということは?』という質問だけで十分にやっていける」と実感したときには、とても驚いたものです。

よく「質問する内容がわからずに困る」という話を聞きますが、私は決してそうは思いません。それは、質問でお客様を誘導しようとするからだと思います。質問は、お客様に気持ちや状況を言っていただくためのものです。そうすれば、お客様は自然と自らクロージングへと入っていけるのです。**質問で誘導するのではなく、質問がお客様に話していただくきっかけになればいい**のです。

そうとらえれば「たとえば？」「ということは？」の2つの短い質問だけでも十分その役目を果たせるのです。

POINT

「たとえば？」「ということは？」は、究極の質問。この2つの質問をしているだけで、お客様は自分の本音を話してくださる。

なかなか踏み切れないお客様を説得してはいけない

感じる・思う ➡ **考える** ➡ 行動する ➡ 結果が出る

「ということは？」の効用について、もう少し詳しくお話ししましょう。

クロージング手前のお客様の気持ちはこんな感じです。

「いいのはわかっているけど、購入するにはお金がいる」「本当に大丈夫か」「間違いないのか」「活用できるのか」「周りからなんか言われないか」。

それは、「魚の小骨が喉に引っかかって、なんとも居心地が悪い状態」に似ています。

いいとはわかっているのだけれども、こんな声が聞こえてきて、踏み込めないのです。

そして、「このままでも、いいんじゃないの？　今までそれでやってきたんだし」こうして自分の心を説き伏せようとします。

ところが一方では、こんな声も聞こえてきます。

「お前、やりたいんだろ、これを使って楽しみたい（便利にしたい）んだろ。じゃ、いいんじゃないか、買えよ」

これら2つの気持ちがまるで、綱引きのように引っ張りあいます。これがどうも、気分がすっきりしない原因です。

お客様が心の中でこのような押し問答をしていることを、営業マンは理解しておく必要があります。もう一歩が踏み出せないお客様には、「ということは？」の後、さらに続けて、お客様の気持ちを代弁してあげたらいいのです。その時、まるでお客様の本心を知っているかのように、ささやくように言うのです。

「ということは？　お客様は採用してみてもいいな、ということではないですか？　もちろん、このままでもいいかもしれないというお気持ちもありますよね。でも、それでは満足しないので、こうやってお話を聞かれ、その効果も十分理解されたのではないでしょうか？」

というように「ということは？」の質問の後は、その質問へのお客様の気持ちを代弁するように言うといいのです。つまり、「お客様の本心はわかっていますよ」という暖かく、包み込むような言葉で言うのです。

では、なぜお客様の気持ちを代弁できるのか？　それは「お役立ちの心」があるからです。お客様に、このような言葉を当たり前のように言うことができるのは、お役に立ちたいという心があるからです。この心があれば、お客様の本心に向かってささやく質問や言葉が口をついて出てきます。ところが、どこかで、この商品を売りたいという気持ちがあれば、お客様に迫るような質問や言葉となってしまいます。

お役立ちの心で言うのか？　売りたいから言うのか？

この違いは非常に大きいのです。

お役立ちからの「ということは？」は、お客様の気持ちをすっとさせるのです。

POINT

「ということは？」は、お客様を応援するお役立ちの質問。それによって、一気に購入への気持ちを固めていただける。

結論に至らなければ、欲求という本心に立ち戻る

感じる・思う
⬇
考える
⬇
行動する
⬇
結果が出る

いろいろな説明をして、クロージングの段階に入ったら、まず「どのように感じますか？」「どう思いますか？」でお客様の気持ちを聞いていきます。そして、そこからさらに突っ込んで、「たとえば？」「具体的には？」とその気持ちを具体的に表わしてもらったり、思っていることを描写してもらいます。そうすることで、お客様が商品・サービスについてどのような気持ちを持っているかがわかりますし、疑問や問題点があれば、それを取りさってあげます。

そして、お客様の気持ちが購入に向かったら「ということは？」で、購入への意思を宣言していただきます。これがクロージングへと入るシナリオです。

つまり、「どのように感じますか？」「どう思いますか？」という質問でお客様の「感じる・

思う」ことを聞き、次に「たとえば？」「具体的には？」で、さらに「感じる・思う」を深めるのです。そして、「ということは？」で「考え」ていただくと、やがて「行動」に移る――こうした流れをお伝えしてきました。

ただ、どうも煮え切らず、「行動」に移せないというお客様がいらっしゃいます。いいとはわかっているのだけれども、購入まではいかない。かといって、購入したくないということでもない。問題もないし、疑問もない。なのに、判断できない。購入できない、という状態のお客様です。

「いいのは、わかっているんだけどね……」
「たしかにいいんだけどね……」
「べつに、問題もないし、疑問もないし、納得もしているんだけどね……」

こんなことを言われて、一向に前に進みません。これは何が問題なのでしょうか。実は、この場合は、**これが、このお客様のパターンなのだ**と考えればいいのです。ぐずぐず癖は、人間であれば、誰でもあるものなのです。ですから、クロージングの場面でも、お客様自身が商品・サービスを気に入っていないということではないのです。

こんなときにはどうしたらいいかというと、再度「感じる・思う」に立ち戻るのです。

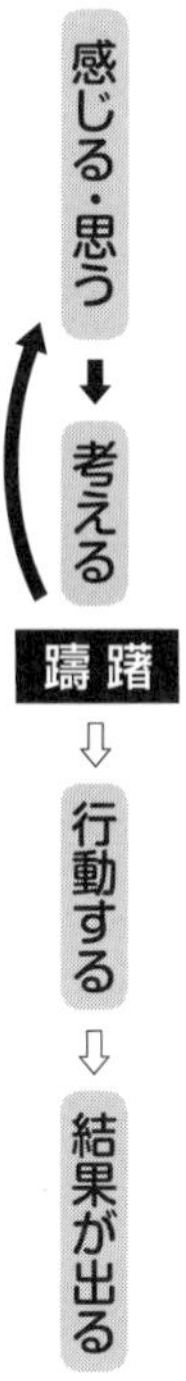

つまり、お客様の気持ち・欲求を再度聞き出し、その本心を聞くのです。そしてそこから購入への気持ちを高めてもらう、ということです。納得はしているけどもう一歩踏み込めないという状態を突破するためには、本人の気持ち・欲求を高め、本心を聞くしかないのです。だから穏やかに、そして優しく聞いてあげるのです。

お客様の気持ちがわからない営業マンは、ここでつい購入を迫ってしまいます。「いかがですか、いいと思われるなら購入されませんか」「どうでしょう、問題も疑問もないなら、採用されたらどうでしょうか」とやってしまうのです。そんなことは営業マンから言われなくても、お客様は重々わかっているのです。わかっていても判断できないのです。そんなお客様の気持ちをわかってあげている営業マンは、次のように言います。

「お客様、なかなか判断はつかないですよね。でも、誰もがみんなそうですから。安心してください。それよりも、納得いくご採用が一番だと思いますので、遠慮なく時間をかけてください。私どもはお客様のお役に立つためのご提案をしているのですから。どうでしょう、ここまでで、どのように感じられておられるのですか？（ここまでで、どのように思っておられますか？）」

「なるほどね。ところで、お客様はなぜこの話を聞かれたのですか？　そもそも、どうしたいと思ってらっしゃるのですか？（本音のところはどうですか？）」

このようにあくまでもお客様の気持ち・欲求第一で、その本心を聞いてあげることです。

POINT

人間の行動原則を理解し、お客様が判断に迷われたら、常に「感じる・思う」に立ち戻る。そして気持ち・欲求を聞き、その本心を聞く。

踏み切れないお客様には、とことん共感し、本音を聞かせていただく

感じる・思う ➡ 考える ➡ 行動する ➡ 結果が出る

お客様は興味があるので、ここまで営業マンの話を聞いてきました。話に納得しましたし、いいとも思っています。しかし、購入するにはお金を投資しなければいけません。そこでお客様は自分で判断がつかず、もたもたします。いくら営業マンがいいと言っても、購入されるのはお客様です。ですから、お客様に自ら買うという判断をしていただかなければなりません。

この時に、お客様の心理をわかっていない営業マンは、お客様をせっついて、こんなことを言います。「お客様、いいと思っているなら購入されませんか」「お客様大丈夫ですよ」。あるいは、さらにエキサイトして、「お客様、わからないことがあれば、購入後でも、私がなんでもお答えします」「お客様、私がフォローしますので、大丈夫です。お任せく

ださい」と一所懸命に言います。しかし、いくらこのように言われても、多くのお客様にはなかなか判断がつかないのです。

営業マンは、そんなお客様の心理をわかってあげることです。この心理をわからず、お客様をせかす営業マンは、それまでいくらいい話をしようが、最後の最後でお客様の心理を害したり、お客様に敬遠されたりするのです。こうして、今までの営業の過程が、この最後の場面でおじゃんになります。ここは、ただただ辛抱です。お客様の心理を理解して、粘り強く、お客様に対応してあげるのです。

この場面のお客様の反応はさまざまで、中にはやたらと質問するお客様もいます。そうしたお客様には、まず質問に共感した上で、答えていきます。

「ここのところはどのようになっているのですか?」

「お客様、なかなか鋭い質問ですね。そのようなところまで見てくださりありがとうございます。お客様、ここはですね……」

こうした場面で、ものすごく話をするお客様もいます。そんな時は、ただただ共感すればよいのです。

「ま、こういうところがいいのかもしれないね。私も過去にいろいろ採用したが、……で……」

「なるほど。お客様、よく見ておられますね。さすがです」

反対に無口なお客様もいます。その時には、お客様の傍らに寄り添い、静かに話をすればいいのです。

「お客様、どのように感じられますか？ なんでも、思うことをお話しいただければ嬉しいです」

「そうですね。あの……」

あなたは営業マンとして、お客様にこのような対応をするのです。決してワーワー言うのではなく、せっつくのでもなく、ただただ傍らに寄り添い、お客様の気持ちを理解し、共感し、そして必要な質問を繰り返し、本音を聞かせていただくのです。その過程でお客様は、自分の内面で購入への押し問答をしているのです。

それは、目の前のハードルを越えようとしている人に似ています。ハードルを超えようと走り出しますが、飛び越える勇気がなく、目の前で止まってしまいます。もう一度引き返し、再度挑戦しますが、また止まります。そして、また引き返し、走ります。これを繰り返すうちに、やがて自力で飛び越えます。

お客様は自らこのようなことを繰り返し、自分を説得するためのエネルギーをためているのです。「営業マンが売るのではなく、お客様が自ら判断し、買われる」。このことをわかりましょう。そして、それを押し進めるために営業マンができることは、ただただ傍らで共感し勇気を与え、質問でお客様に自らの本音を自覚させてあげることなのです。

営業マン、それはお客様の傍らに寄り添う強力な助っ人です。

POINT

お客様は自らを納得させるために、質問したり、話したり、急に無口にもなる。営業マンはそれを理解し、そして、お客様の傍らで共感し、質問し応援する。

お客様が納得して自ら「ハードル」を越えれば、クロージングはほぼ完了

感じる・思う ➡ 考える ➡ 行動する ➡ 結果が出る

お客様は最終段階で、前項で示したような過程を繰り返します。その際には、営業マンはただ傍らに寄り添って応援すればいいのです。そして、納得されたお客様はこんなことを言います。

「ま、必要なものだしね」
「やっぱり、いるよね」
「いくら考えても、どこかで決めないとね」

さらに続けて、こう言うお客様もいます。

「じゃ、あとはどうすればいい？」

こうした言葉を口にされた方はほぼ購入へのクロージングが完了したと思っていいでしょう。それも、自ら納得してハードルを越えたわけですから、強力にその決意は固まったと言っていいでしょう。このような状態になれば、もうお客様から反論などありません。自らの意志で、判断したからです。

かつて私は、ここぞとばかりに一所懸命にお客様にクロージングを迫っていました。ところが、これが仇となって、お客様の心理を害したり、保留になってしまったり、強引に契約に持ち込み、あとでキャンセルされたりしたものです。「あんたの熱意に負けたよ」と言われて購入いただいたものの、結局はタンスの引き出しにしまわれ、活用いただけなかった、なんてこともありました。

こうしたやり方は、何が間違っているのでしょうか。そうです。クロージングが間違っているのです。正しいクロージングとは、お客様に自ら納得してハードルを越えていただくことなのです。営業マンはそのためのお手伝いをするのです。営業マンはお客様の傍らに寄り添い、共感し、質問し、お客様の本音を引き出すのです。これができれば、クロージングはほぼ完了と言っていいでしょう。この状態になれば、キャンセルもクレームも起こりません。むしろ、傍らで応援してくれた営業マンに感謝するでしょう。そして、お客様は自ら購入されたため、購入後の活用も積極的で、営業マンに質問をするようになり、さらに効果を実感していただけるようになります。それがやがて口コミを生み、次第に大きな輪になって紹介などに展開し、広がり始めるのです。

いかがでしょうか。クロージングの意味を理解し、正しいクロージングを行なうと、それは単に販売したことにとどまらず、その後の展開にも大きなプラスの効果を及ぼすのです。このように見ると、クロージングこそが営業での肝であり、クロージングの状態によって、その営業マンが営業マンとして成功するかどうかが決定すると言っていいでしょう。

クロージング、それは、営業で最も重要でエキサイティングな段階なのです。

POINT

「お客様が自ら納得してハードルを越えること。これで、ほぼクロージングは完了する」。このことがわかれば営業マンは営業の極意をつかんだことになる。

質問4 「他に、何か気がかりな点はございませんか？」でクロージングは最終段階となる

感じる・思う → **考える** → 行動する → 結果が出る

お客様に「ま、必要なものだしね」「やっぱり、いるよね」「いくら考えても、どこかで決めないとね」などと言われたら、少し間をとった後、こう質問してください。

「他に、何か気がかりな点はございませんか？」

また、「じゃ、あとはどうすればいい？」と言われたお客様に対しては、理解への感謝を述べ、こう質問してください。

「ご理解いただきありがとうございます。その前に、他に、何か気がかりな点はございませんか？」

この質問で、お客様は再度、自ら疑問や質問はないかを考えるようになります。「そうだな、もうなかったかな?」といった具合に、自ら問いかけ、気持ちを探ります。そして、こう言います。

「そうですね。もう、だいたいお聞きしましたので、大丈夫です」
「今のところ、もうないですね」
「いや、よくわかりました」

お客様は自分でこう言うことによって、「もう何も疑問はない」「もう問題は何もない」と納得されるのです。ここも非常に重要です。「興味があって、目の前の営業マンの話を聞いた。そして、「確かに役立ちそうだし、欲しいとも思う。また、問題もないこともわかった」という状態になります。この状態になれば、あとは、自然にお客様自らが「では、購入しようか」となるのです。

ここでは、営業マンが購入を勧めるためのトークなど必要ありません。「他に、何か気がかりな点はございませんか?」と質問しただけです。しかし、この質問によってお客様の気持ちはさらに購入に向って進みます。

私はこうした質問を**段階的クロージング質問**とよんでいます。クロージングに向かうお客様の心は、購入するかしないかで揺れ、非常に繊細な状態になっています。極論を言えば、どちらにでも転がるといってもいいぐらいです。

こういう状態の時には、そろそろと、ゆっくりゆっくり購入への階段を登らせてあげることです。その階段はなるべく段差のないものにしなくてはなりません。それが、「他に、何か気がかりな点はございませんか?」という質問なのです。

もしここで、不用意に「では、購入についてのことですね?」とか、「あと、お値段ですが」と営業マンから踏み込んでしまうと、お客様は、「それについては、一度考えるね」と言われてしまうことがあります。そのような判断をされたお客様に、再度購入について考えていただくには、非常に大きなエネルギーを要します。

この「他に、何か気がかりな点はございませんか?」という質問によって、お客様が自ら問題はないと自覚すると、次にこう言ってきます。「あとは、価格についてですね」と。

この言葉が出たら、クロージングに入っていく必要があります。もちろん、中には「あとは、価格についてですね」と言われない方もいらっしゃいます。その場合は、「あとは、お値段のことですかね」と、さらっと聞いてみましょう。そうすれば、お客様は「そうなんです」と自然に言ってくれます。

「何か気がかりなことはございませんか？」とは、まさに具体的に価格を提示するための入り口となる質問なのです。

POINT

「何か気がかりなことはございませんか？」の質問によって、営業マンはクロージングに入るべきかどうかを見極める。

質問5

「では、具体的にお話を進めましょうか？」で行動へとナビゲートする

感じる・思う
⬇
考える
⬇
行動する
⬇
結果が出る

お客様が「あとは、価格についてですね」と言われた場合には、次のように言います。

「では、具体的にお話を進めましょうか？」

こちらから「あとは、お値段のことですかね」と言い、お客様が「はい」「そうですね」と言った場合にも、同じように言ってください。

こうやって価格についての説明に入ればいいのです。具体的には、次のように続けます。

「お支払いは分割をお考えですか？　一括をお考えですか？」

「ご予算的にはどれぐらいをお考えですか？」

この時にはもたもたしていてはいけません。力まず、どんどん展開していけばいいのです。お客様が買おうという気持ちになったのですから、一気に進めてあげるのです。

ここで、「間《ま》」についてお話ししましょう。話の間、ということですが、これは相手とやり取りする際に非常に重要になってきます。シチュエーションによっては、言葉そのものよりも重みのあるのがこの間です。落語や演劇などでは表現力として間が重要視されていますが、営業においても同様です。

簡単に言えば、「間」には2種類あります。相手に改めて考えてもらう時には間をしっかり取ります。また、物事を運ぶ時、つまり考え抜いたことをどんどん進める時には間をとらず、素早く展開します。

クロージングの場面は後者になります。**今までにお客様が考え抜いた上での結論ですので、間はとらず、とんとんと進めていっていい**のです。

ただし、お客様の思考速度にあったペースで進めてください。お客様と今まで話してきたわけですから、お客様の思考速度や話すスピードはある程度わかっているはずです。それにあわせて話を進めていきます。要は、**こちらの話し方や思考のペースで進めていくのではない**、ということです。

万が一、ここでお客様がまだ判断が鈍ったり、考えがすっきりしていない場合には、もう一度ここで立ち止まり、質問し、本音を聞き出す必要があります。お客様の気持ちを察して進めていく、という姿勢が大切です。あくまでもお役立ちのためであって、いかに売るかという話ではないのです。お役に立つためにお客様の気持ちを汲み取って、営業マンがそれをサポートする、ということです。

そのように考えると、ここでの営業マンの質問は、お客様にとって痒いところに手が届く質問と思われれば最高でしょう。

POINT

「では具体的にお話を進めましょうか?」「ご予算的にはいくらくらいお考えですか?」これらの言葉は、営業マンがお客様の気持ちを代弁しているもの。

5つのクロージング質問のまとめ

これまでお話ししてきた、5つのクロージング質問とその意味、使い方などをまとめてみましょう。

①お客様の気持ち・欲求を聞く質問 「お客様は話をお聞きになって、どのように感じておられますか？」「どう思われていますか？」
②お客様の気持ち・欲求を具体的に聞く質問 「たとえば？」「具体的には？」
③お客様に商品の重要性を気づかせ、購入への考え（意思）へと導く質問 「ということは？」
④お客様の考えを確信させる質問 「他に、何か気がかりな点はございませんか？」
⑤お客様の気持ちを代弁し、行動へとナビゲートする質問 「では具体的にお話を進めましょうか？」

これらの質問は、以下に示す「人間の行動原則」の順番通りに展開しています。

感じる・思う（①②）→ 考える（③④）→ 行動する（⑤）→ 結果が出る

この段階通りに質問することによって、実にスムーズに行動へとモティベートされるのです。もちろん、この質問の言葉通り話す必要はありません。大事なのは、この人間の行動原則に基づいて質問をしていくことです。

人は、育った環境や過去の経験によって、その人なりの感じ方や反応の仕方を持つようになります。それは何回も繰り返されパターン化されたもので、その人の性格を形成しています。もし、クロージングが難しいと思っているのであれば、それは、人によって感じ方や反応の仕方が違うからです。

たとえば、プレゼンテーションで商品・サービスの説明をしても、それをどう感じたかはお客様によって違います。したがって、そのままではお客様の気持ちはわかりません。うわべの言葉や表現だけを信用しても、お客様の本心はわからないのです。

だからこそ、営業マンは質問するのです。

何度も言いますように、営業においてクロージングというのは、非常に大事な場面です。お客様と出会い、アプローチし、プレゼンテーションという商品・サービスの説明を行ない、やっとクロージングの場面を迎えるのです。営業マンにとって、これほど緊張を強いられる場面はありません。

また、お客様にとっても緊張を強いられる場面です。なぜならば、クロージングの段階では、最後の判断をしないといけないからです。ですから、心は非常に揺れています。「本当に、この商品で間違いないのだろうか?」「これを使いこなすことができるだろうか?」「効果を上げることができるだろうか?」こうやって常に心の中で自問自答しているのです。そんな時に軽はずみな言葉や、安易な励ましは禁物です。

クロージングの場面において、営業マンはどのようにすればいいのか。それは、これまで見てきたように、質問を投げかけることです。質問することで、緊迫した場面を見事に通過できるようになるのです。営業マンが勝手に思い込んでことを運ぶのではなく、お客様の気持ちを聞きながら進めていくのです。どう感じるか、思うかという気持ち・欲求を聞くことから始まり、どう考えているかを質問によって聞いていくことです。そして、最終段階では、お客様の気持ちや考えを踏まえて、行動へとナビゲートします。もし、お客様の気持ちの中に疑問やすっきりしないところがあれば、立ち止まりしっかり解決してあげるのです。

いかがでしょうか？　クロージングの流れをおわかりいただけたでしょうか？

クロージングの各段階における質問は、営業に対するあなたの不安や悩みをきっとすっきりさせてくれることでしょう。もちろん、各段階ごとに、自分なりのクロージングの質問を設けてもいいでしょう。大切なのは、クロージングのメカニズムを理解することです。それがわかれば、あなたはきっと、どのようなクロージングの場面であろうと、恐れを抱くことはなくなるでしょう。それどころか、むしろ楽しみを持ってクロージングに臨めるようになるでしょう。

クロージング、それはお客様の繊細な心を運ぶ究極の心理学です。

POINT

「人間の行動原則」通りに質問していけば、あなたは決してクロージングを間違うことはない。

3章

クロージングでの「質問」を強化するワザ

クロージング2大原則 1

お客様の「買おう」という気持ちができた時にクロージングに入れる

ここではクロージングにおける重要な原則を再度確認しておきましょう。

契約に入る、お客様が購入される、ということは、お客様の意志にもとづいたものです。いくら営業マンがお客様に売り込もうと、買ってくださいと頼もうと、お客様が買おうとしなければ購入してもらえません。お客様は、自分が欲しいと思った時に購入されるのです。ですから、営業マンがすべきことは、**目の前のお客様に買おうという気持ちになってもらうこと**です。

そのためには、お客様に質問し、お客様の気持ちを聞かせてもらうことです。そして、**購入への気持ちのレベルを推し量り、そのレベルが高いのならクロージングに向かい、レベルが少し低いのなら、それをさらに高めます**。実に簡単な原理です。

ところが営業マンにはこの簡単な原理が見えないのです。

せっかくプレゼンテーションを聞いていただき、クロージングまで来たのに、そこでなんとか売ろうとしてしまうのです。

これまで何度も述べてきたように、私たち営業マンは「売る」のではなく、「お役立ち」のために来ているのです。したがって、売ろうとしてはいけないのです。あくまでも「役立つ」のです。このことが頭ではわかっていても、営業の現場ではつい忘れてしまいます。ですから、何度も何度も「人間の行動原則」と「クロージングの原則」を自分に言い聞かせていただきたいのです。つまり……


「人は自分の思った通りにしか動かない」

「お客様の買おうという気持ちができた時にクロージングに入ることができる」


この原則を活かすために大事なことは、ただただお客様に自分の気持ちを話してもらうことです。そうすれば、お客様が商品・サービスの購入にどの程度関心があるかがわかりますし、どのようなことに関心があるかもわかります。また、お客様自身が話をすることにより、自分で商品・サービスに対する興味・関心を高めることになるのです。

つまり、自分で話をすることで、より意識を高め、モティベートする、ということです。そのための、クロージング時の技術・技というのがあります。これは、お客様に質問をした時に、お客様がより話しやすくなるための技術・技です。したがって、それはお客様に話していただくためのものであって、売るためのテクニックではないことをご理解ください。

私たち営業マンは、売るためにいるのではなく、役立つためにいるのです。そして、**会話を通して役立つことができれば、結果として、売らなくても買っていただける**のです。

POINT

「人間の行動原則」は「人は自分の思った通りにしか動かない」。これを理解した時に、クロージングの原則「お客様の買おうという気持ちができた時にクロージングに入れる」がわかる。

落ち着いた暖かみのある「声」がお客様を決断に導く

本書では、これまで質問の重要性について何度もお話してきましたが、実は、質問するときの重要な要素があります。それは営業マンの「声」です。

営業マンの声が甲高いと、お客様は落ち着いて考えることができなくなります。したがって、いくら営業マンが質問しようが、お客様から返ってくる答えは薄っぺらなものになります。反対に、営業マンの声がお腹から発された声なら、お客様は落ち着いて考えることができて、その分、しっかり答えていただけます。

お客様を目の前にすると、緊張してしまう営業マンが多くいます。そのため、彼らは普段よりも早口になったり、声が甲高くなってしまうのです。

営業とは目の前のお客様への対応力です。お客様との面会で重要なのは、お客様の発言に共感したり、さらなる質問を投げかけるといった対応力なのです。これがまずいと、お客様とのコミュニケーションは円滑にいきません。

こうした対応力を発揮する時に重要なのが声なのです。落ち着いたお腹からの声を出すことにより、あなたの重心は丹田（へその少し下のところで、下腹の内部にあり、気力が集まるとされる所）に集まり、あなたを落ち着かせ、対応力を高めます。反対に、甲高い声は、あなたの重心を上げ、気力を分散させ、対応力を弱めてしまうのです。

そのためには、丹田を意識して声を出すことです。これによって自然と重心が下がり、お腹から声が出て、落ち着いて話すことができるようになります。

これは目の前のお客様にも影響します。あなたの重心が上がるとお客様の重心も上がり、しっかりとした判断ができなくなります。反対に、**あなたの重心が下がるとお客様の重心も下がり、しっかりと判断できるようになる**のです。

「ジェットストリーム」というＴＯＫＹＯ ＦＭで放送されているラジオ番組があります。飛行機で旅をしながら世界中の国や都市を紹介する、イージーリスニングの音楽番組です。

この初代パーソナリティーは城達也さん（1931年-1995年）という方でした。この番組を有名にしたのは、城達也さんの声でした。当時、私はこの番組をよく聞きました。
「ジェットストリーム……遠い地平線が消えて、ふかぶかとした夜の闇に心を休める時、はるか雲海の上を音もなく流れ去る気流は、たゆみない宇宙の営みを告げています……」
というナレーションがミスタロンリーの曲とともに聞こえ出すと、しびれたものです。この番組が始まると、いっぺんに自分の頭の中は現実を忘れ、城さんの素敵な声と共に世界を旅していました。

声というのはこれぐらい相手に影響を与えるものなのです。お客様によい影響を与えるためには、丹田を意識して重心をしっかり下げて話しかけましょう。お腹から出る張りのある声で、暖かく話しかけ質問するのです。そんな声は、お客様をあなたの世界に引きずり込みます。それによって、お客様は商品・サービスを的確に判断できるようになるのです。

POINT

重心を下げ、お腹から出る「声」で質問することで、お客様にしっかり考えてもらうことができる。

クロージング
2大原則
2

投資という「リスク」に対して決断を下せるよう手助けする

先にクロージングの2大原則1の話をしました。お客様の気持ちを確かめ、もしくはより高めることが大切ですが、その際には営業マンの声が重要になる、というお話でした。

そして、お客様に買おうという気持ちができた時には、原則の2を使います。**それは投資というリスクに対して、できるだけ容易に決断を下せるように手助けする**ことです。買おうという気持ちができた時でも、お客様は多少なりとも気持ちが揺れているものです。

そのような時、お客様はこんなことを口にします。

「実際にこれにしていいのだろうか」

「いろいろ検討してきたが、これで本当にいいのだろうか」

「考えていてもきりがないし、ここらで決めたいのだが」

クロージングの原則は、お客様が確実な決意を持った状態でクロージングに入る、ということです。中途半端な気持ちで契約に入ってもらうようでは、お役立ちになりません。ですから、しっかりとお客様に納得していただいた上で、クロージングに入る必要があります。

ただ、たとえお客様に決意を固めていただいても、多少の不安は残るものです。「大丈夫だろう」と思いつつも、わずかな不安がよぎります。これは誰でもそうだと思います。この時に、契約に入る段階をできるだけ容易にしてあげるのです。契約の段階で手間取ったり、面倒さを感じさせてしまうと、しっかり固まった考えが逆戻りしたり、引き延ばされたりします。

契約に入る段階を簡単にするというのは、お客様が判断しやすいようにしてあげることです。話がどんどん進んでいく間に、より決意が固まるようにするのです。その際には、「声」のほかに、技術、技が必要です。それは、

①会話の運び方
②話し方の緩急強弱と間
③Ｙｅｓの引き出し方

この3つは容易に決断を下せるようにするために重要な技術・技なのです。この技術・技のレベルが高くなれば、クロージングはますますスムーズになります。細かな注意点ではありますが、理解すれば簡単な原理なので、お客様への心配りとして、ぜひ使っていきましょう。

この最終最後の技術・技こそが、お客様の確信をより強くするのです。

POINT

クロージング2大原則の2「投資というリスクに対して、できるだけ容易に決断を下せるように手助けする」ためには、技術・技が重要な要素となる。

低い階段をいくつも作り、一歩ずつ上ってもらう

お客様が容易に決断を下せるようにするには、「会話の運び方」に気を配ることです。それは、低い階段を作り、それをどんどん登って行くようにし向けることです。たとえば、2章の最後、質問⑤のお支払いの段階で、こんな質問を示しました。

「では、具体的にお話を進めましょうか?」
「お支払いについてですが、どのようにされますか?」

このように、いきなり支払いをどのようにするかと聞かれると、お客様は困ってしまいます。そこから躊躇し始め、「少し考えます」となってしまうのです。しかし、次のように細かな階段を踏めば、状況はまったく異なったものになります。

「では、具体的にお話を進めましょうか?」

「お支払いについては、どのようにされますか？ 分割をお考えですか？ 一括をお考えですか?」

「分割の場合はカードもありますよ」

「お支払いは商品・サービスの到着後になりますが、それでいいですか?」

「私どもはどちらでもお客様のやりやすいほうでいいですよ?」

「領収書が会社で必要であれば発行させていただきますが?」


いかがでしょうか？ このように細かな段階に分けて質問すると、スムーズに答えやすくなり、トントンと話が進みます。特に、支払いについてはお客様が一番リスクを感じるところですから、それを質問でスムーズに運んでくれる営業マンの気配りはありがたく思ってもらえます。

この方法は、クロージング以外の場面でも有効です。たとえば、面会の時間を確保する際に、こう言ったらどうでしょうか？

「お客様、一度お話を聞かれませんか?」「いつでしたらいいですか?」

こんな荒い聞き方をしたら、お客様は考えてしまいます。

しかし、こう聞いたら、状況はずいぶん違ってくるはずです。


「お客様、お話しには多少なりと興味をお持ちではないですか?」

「でしたら、まずは、採用する、しないなど気にされなくて結構です。一度お話し聞かれませんか?」

「この商品・サービスについての情報をお伝えすることが私たちの役割です。それに、お客様も情報を知ることで今後の判断の材料になるのではありませんか?」

「ですから気楽に聞いてください」

「30分ぐらいの時間があれば十分だと思いますが」

「お手すきの時間は多少なりともおありですか?」

「平日がいいのでしょうか?」

「朝、昼、夜でしたら、いつがいいでしょうか?」

「朝ですか。朝は10時と11時では、どちらがいいですか?」

「了解しました。では、火曜日の11時なら大丈夫ですか?」

NG

お支払いについてはどのようにされますか？
では、具体的にお話を進めましょうか？

GOOD

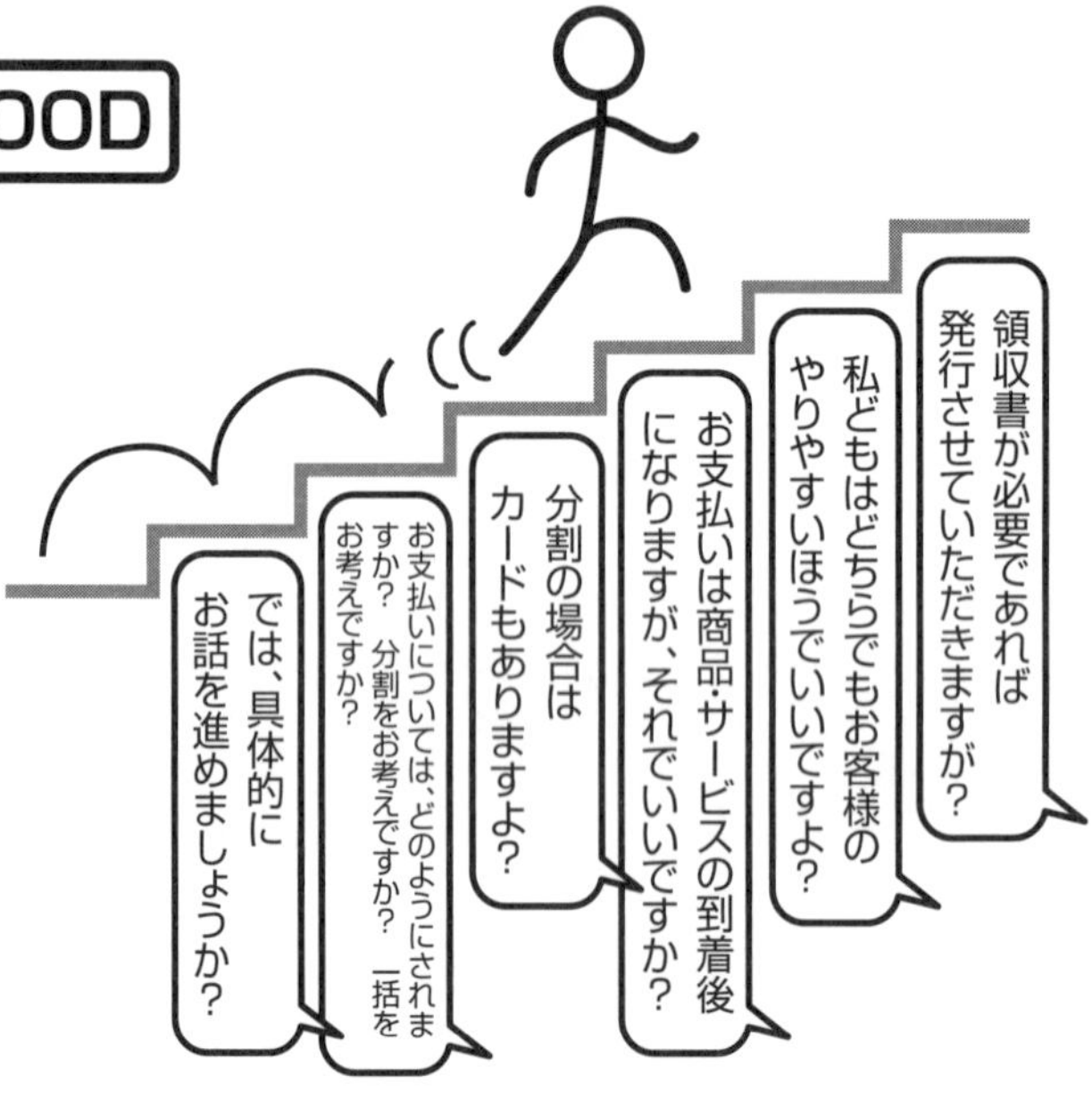
領収書が必要であれば発行させていただきますが？

私どもはどちらでもお客様のやりやすいほうでいいですよ？

お支払いは商品・サービスの到着後になりますが、それでいいですか？

分割の場合はカードもありますよ？

お支払いについては、どのようにされますか？　分割をお考えですか？　一括をお考えですか？

では、具体的にお話を進めましょうか？

いかがでしょうか？　このように、質問を細かく分けると、ＹＥＳをもらいやすくなります。これをクオリファイ質問といい、お客様の気持ちの負担をなるべく軽くしてあげるための心理的テクニックです。

何度も言いますように、いかに売るかの話をしているのではありません。クロージングでのお客様の気持ちを察し、お役立ちという観点から手助けするための技術であり技なのです。

POINT

お客様に容易に判断をしていただけるように質問を細かな段階に分けること、それは営業マンとしての心遣いの現われ。

「リスク」ではなく、「メリット」に目を向けてもらう質問

投資のリスクとは「投資しても、目指す成果が出なければどうしよう」と心配することです。しかし、心配をするということは、お客様は商品やサービスに関心を持っているということです。だから、**商品やサービスによって得られる成果に目を向けていただく**のです。あるいは、**商品やサービスによって損失を回避できるメリットに目を向けていただきます。**

「採用いただくと、どのようになるでしょうか?」「採用いただくと、どのようなことが回避できるでしょうかね?」という具合に質問すれば、お客様の関心は効果やメリットに向くようになります。

シーソーをイメージしてください。片方には、投資のリスクがのっています。反対側には、成果や損失回避のメリットがのっています。このような状況で、投資のリスクにばか

り目を向けたらどうなるでしょうか。成果や損失回避には意識が向かず、投資のリスクばかりが大きくなって、シーソーはリスクのほうに傾きます。ところが、成果や損失回避に目を向けたらどうでしょうか。

今度は成果や損失回避のことを話すようになり、シーソーはそちらに傾いて、お客様は購入に向けて動き出します。

たとえば、お客様と次のような会話をしたとします。

「お客様、この商品についてどのように感じられましたか?」

「いいと思うのですが、資金的にきびしいのでね」

「そうですか、それは認めていただきありがとうございます。まず、どのようなところがいいと思っていただけましたか?」

「それはですね……」

この会話には、「いいと思う」「資金的にきびしい」という2つの内容が盛り込まれていますが、そのうちの「いいと思う」ほうにお客様の目を向けようとしています。

ところが、次のように展開すると、お客様の目はリスクに向けられるようになります。

「お客様、この商品についてどのように感じられましたか？」

「いいと思うのですが、資金的にきびしいのでね」

「そうですか、それは認めていただきありがとうございます。ところで、資金的にといいますと、どのようなことですか？」

「それはですね。今は少々資金的に余裕がなくて、難しいのです」


こうなると、お客様の目はどうしても資金に向きがちになります。だから、まずは成果やメリットについて十分に話し合い、その後で、資金について触れればよいのです。うまく展開すれば、お客様に次のように言っていただけるでしょう。


「資金的には苦しいですが、成果をあげるように頑張ればいいのですからね」

「ま、このような成果が期待できるのであれば、資金的なことは何とかしましょう」


お客様が容易に決断を下せるようになるためには、商品・サービスの成果や損失回避に目を向けていただくことです。現実的にはリスクもありますが、まずは成果や損失回避をしっかり認識していただいた上で、リスクを見てもらうことです。

お客様は何のために営業マンの話を聞かれたのでしょうか？

成果を生み出したいからではないですか？　損失を回避したいからではないでしょうか？

そもそも、投資のリスクがあることは、はじめからわかっておられるはずなのです。

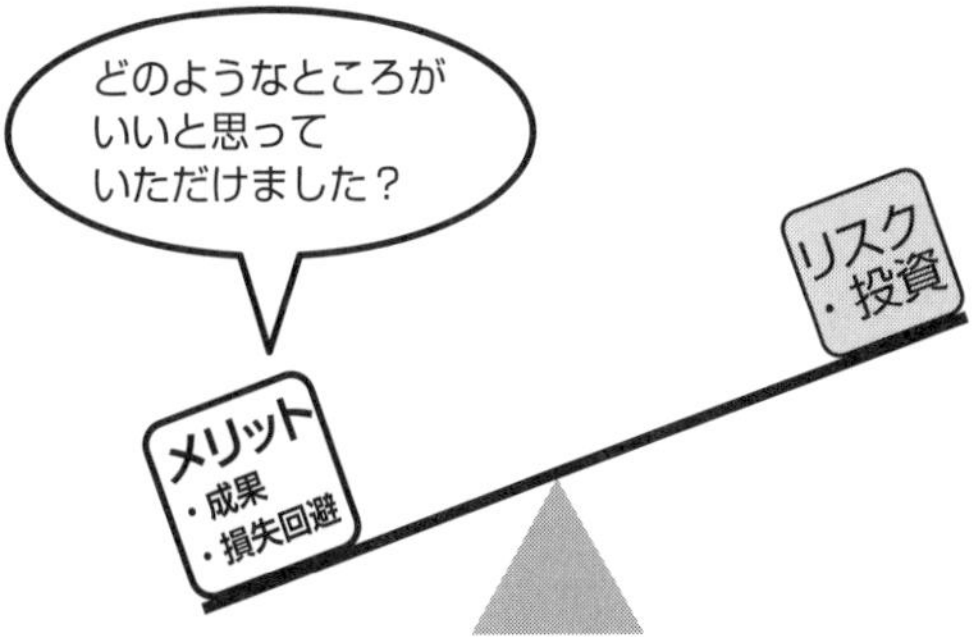

POINT

クロージングにおいては、まず成果や損失回避を話題にする。そうすれば投資リスクは意外に簡単に片づく。

「緩急強弱」と「間」のある話し方で、お客様の気持ちは前に進む

営業マンの、お客様への話の「緩急強弱」と「間」は大切な要素ですが、特にクロージングの時には重要です。何しろ、お客様は自分のお金を投資するわけですから、クロージングの時に最も心が繊細になり、精神が高ぶるのです。この場面に際して、営業マンは、お客様ができるだけ容易に決断を下せるように手助けしなくてはなりません。

その方法が、先述した細かい質問の段階を作る会話の運び方です。そして、それを行なうにあたって大切なのが、会話に「緩急強弱」と「間」を取り入れることです。緩急強弱と間によって、会話をテンポよくし、お客様の気持ちをトントンと前に運んであげることができます。ここで会話がもたつくと、せっかく決まったお客様の気持ちが揺らいでいきます。

まず、会話の緩急強弱ですが、これは会話の重要なところはゆっくり、はっきりと話し、

重要でないところは、素早くさらっと話すことです。たとえば、クロージングの時の「では、具体的にお話を進めましょうか?」という言葉ですが、ここでは「具体的に」というのが最も重要になります。したがって、「具体的に」を強調して、後は素早く、弱く話します。そうすることによって、お客様の中で、「具体的に」という言葉がはっきりと残ります。

「では、具体的にお話を進めましょうか?」

英語を勉強する時には、イントネーションに気をつけると思いますが、その要領で言うのです。また、言葉に感情を乗せて表現することも重要です。

「それはうれしいですね」
「いやー、認めていただきありがとうございます」

このような共感の言葉は、下線の部分に気持ちを入れましょう。そうすれば、こちらの感情が伝わり、お客様はますます乗ってきます。

次に「間」ですが、これは前章にも書かせていただいたように、**間を取るところと間を取らないところをはっきりさせること**です。じっくり考えていただく場合は間を取ります。考えていただく必要のないところは間を取らず、むしろテンポよく話していきます。これにより、会話にリズムが出てくるのです。

クロージングに入るまでは、お客様の感じていることや思っていることを聞かないといけませんので、その際には間が必要になります。しかし、本題に入るためのアプローチや決意が決まった時のクロージングでは、間はあまり必要ではなく、どんどん話を展開していきます。

つまり、**間というのは、お客様が自らの考えをまとめたり、イメージをつかもうとするためのもの**なのです。これがわかれば、間を味方につけて会話を運ぶことができます。

緩急強弱や間は、本などに書いてある文章を、声を出して読んで練習しましょう。私は仕事柄、昔から人前で話をしていましたが、その際に、自分が話す姿をビデオでとったり、音声を録音したりしていました。

最初の頃は、自分の声を聞いていつもいやになっていました。発声が甲高く、語尾に締まりがなかったからです。そこで、自分で本を選んで、それを毎日15分ぐらい音読しました。この時に緩急強弱をつけ、そして語尾を締め、間をとる練習をしました。これを1ヶ月ほど続けたら、随分と話し方がよくなったのを覚えています。

もし、緩急強弱や間が気になるようでしたら、まず自分の声を録音して聞いてみてください。そして、緩急強弱や間に自信がもてないようであれば、音読して訓練してみてください。そして、1週間くらいしてから、再び録音して聞いてみてください。1週間で随分変わったことが自覚できるでしょうし、1ヶ月もしたら見事に変わります。

俳優の方々は演技と共に、会話における話し方や発声、間で役柄を表現しています。私たち営業マンもある意味で俳優と同じです。営業マンという役割に徹するとともに、会話の重要な武器である緩急強弱、間による表現力を習得してください。

そうすれば、あなたの営業力は格段にレベルアップするでしょう。

POINT

クロージングの会話における緩急強弱、間による表現力は、あなたのクロージング力を倍増させる。

お客様の本音を引き出す否定的・遠慮気味な質問

クロージングの秘訣の中で、**あえて否定的な質問をする**という方法があります。これは、クロージングの最終段階で、あと一歩お客様に踏み込んでもらう時に効果を発揮します。

人間というのは、自己主張を持っています。それは、常に自分を表現したい、自分らしくいたいということです。

これは、営業の現場でも起こります。**お客様は営業マンが一所懸命に勧めてくると、「どうもその通りにしたくない」と思う**のです。営業マンの熱意はわかるけど、自分の思う通りにやりたい、自分の意志で決めたい、と思うのです。ですから、営業マンが商品・サービスをあまりストレートに勧めてしまうと、お客様は営業マンの意見に従いたくないと思い、反対のことを言いたくなるのです。

「お客様、これいいと思いませんか?」

「まー、いいけどね。ただ、この部分の色がね」

「なるほど、でも、この色がいいのではないですか?」

「そうかな」


こんな具合に、どこかに文句をつけたくなるのです。これはお客様の自己主張の表われです。これを解決するには、次のような否定的な質問を使います。


「お客様、これはあまりお気に召さないですかね?」

「いや、そんなことないよ。いいと思うよ。ただこの部分の色がね」

「なるほど、この色よくないですか?」

「まー、考えようによってはポイントになるかもしれないね」


このように、あえて否定的な質問をすることで、お客様は肯定し、話が前に進み出します。クロージングの最終段階ではお客様は繊細になるので、ちょっとしたことが気になると、そこで気持ちがストップしてしまいますが、否定的な質問をすることによって、それを防ぐことができるのです。

そのほかには、**遠慮気味に質問する**という方法があります。よく営業は「熱意だ！」と言われます。私も長い間そのように思っていましたし、それは正しいことです。自分の提供する商品・サービスが必ずお客様のお役に立つと信じていなければいけませんし、それを伝えなければいけないでしょう。

しかし、それはしっかり心の中に持っているべきことなのです。営業マンがあまりにもガンガンと一所懸命にアピールすると、お客様はいやになるものです。押せば引かれます。反対に、引くと前に出てきます。それが人間なのです。

私は昔、2年ほど不動産仲介の仕事をしていました。その会社の経営者が非常におとなしい方で、声も小さく、いつも自信なさげでした。そんな方が、一人で事業を起こし、自らが営業の先頭に立ち、5、6人の社員を使うまでになったのです。その会社に入った時に、なぜこんなにおとなしい人が営業できるのかわかりませんでした。ところが、その理由がわかった決定的な出来事がありました。私の営業観を大きく変えた出来事、それは、私がこの経営者の営業に同行した時に起きました。

自社の不動産情報を、あるお宅に一緒に届けに行った時のことです。家の入り口で、その経営者はインターホンを鳴らしました。もともと、情報をお届けする約束をしていたお宅でしたので、玄関までお客様は出てこられました。その時に、経営者は頭をかきかき「――ハウジングです。お客様に情報をお持ちしました」と伝えました。ところが、その声が非常に小さく、お客様に届きません。お客様は「はー？」と言って一歩前に踏み出されました。そこで、経営者は再度、頭をかきかき恥ずかしそうにもう一度「――ハウジングです。お客様に情報をお持ちしました」と言いました。しかし、それでも聞こえず、お客様はもう一歩前に踏み出されました。その時には、お客様と私たちの距離は1メートルくらいに近づいていました。そこで再々度、経営者が同じこと伝え、都合3回、同じことを言ったのです。3度目にやっと声が聞こえたお客様は「あ～、不動産屋さん」と言ったのですが、その時には、すでにお客様と我々の距離は詰まっており、実にざっくばらんに話ができる状態になっていたのでした。

私はこの距離の詰め方を見ていて、衝撃を受けました。営業マンとは「明るく、元気！」というイメージがあったのですが、このまったく逆をいく営業を目の当たりにし、「ひゃー、そうなんだ！」とびっくりしたのです。当時、いかにお客様との距離を詰めるかというのが私の営業におけるテーマだったのですが、この経営者の営業の現場を見せてもらうことで、それまで20年以上も営業に携わってきた私の営業観がぶっ壊れたのでした。

それは、「押せば引き、引けば出る」ということがわかった瞬間でもありました。営業で大事なことは、お客様を説得することではなく、お客様の本音を言ってもらうことです。そのためには、お客様との距離を縮めなくてはなりませんが、その際に**遠慮気味に質問したり、引きぎみで質問することで、お客様との距離が縮まり、お客様の声を引き出しやすくなる**のです。

否定的な質問をする。遠慮気味に質問する。このような方法が、実はお客様にあと一歩を踏み出してもらうのに有効なのです。こうしたテクニックを知っているのと、知らないのとでは、クロージングという重要な場面で大きな違いが出てくるのです。

POINT

人間の心理を理解しておくことは、特に神経の張り詰めるクロージングの場面では重要。「押せば引き、引けば出てくる」人間の心理を質問に活かそう。

お客様の心のハードルを下げるのは、「投資するのは当たり前」という姿勢

クロージングの最後の最後における技は何でしょうか？　それは、商品・サービスに対する営業マンの「確信」であり、営業マンが買っていただくのは「当然」と思うことです。要は、営業マンが「お客様が喜ばれるのは当たり前」と思うことです。

お客様が躊躇する原因というのは、「もし、そうならなかったら」「本当にそうなるのだろうか」「投資して損しないだろうか」ということではないでしょうか。でも、お客様が「絶対そうなる」「本当にそうなる」「投資した分の何倍もの利益につながる」とわかれば、話は違ってきます。即採用するでしょう。しかし、お客様はなかなかわかりません。なぜなら、まだ、その商品やサービスを使ってみたことがないからです。

では、それを知っているのは誰でしょうか？　それは、すでに購入いただいた過去のお客様であり、それを見てきた営業マンです。

お客様が喜ぶ姿を見てきた営業マンこそが、「絶対そうなる」「本当にそうなる」「投資した分の何倍もの利益につながる」と知っているのです。そんな営業マンは、自分自身にこう言い切ることができます。

「採用いただければ、間違いなく喜んでいただけると『確信』がある」

「採用するのは『当然』だ。なぜなら、お客様が得することがわかっているから」

この営業マンの確信に満ちた雰囲気、空気、ムード、姿勢はお客様に伝播します。お客様はそれに感染し、「きっと大丈夫だろう」「本当にそうなるのだろう」「必ず利益につながるだろう」という心境になれるのです。こうして、安心して採用に踏み込めるようになるのです。

では、これを営業マンがお客様に表現するには、どうすればいいでしょうか。わかりやすいたとえ話をしましょう。

あなたの目の前に高さ1メートルのハードルがあるとします。そうすると、「飛べそうで、飛べないな。飛んだときにどうも足が引っかかりそうで怖いな」などと躊躇してしまうでしょう。でも、目の前のハードルが10センチだったらどうでしょうか。「なんだ、簡単だ」と思い、気にもしないですんなり飛んでしまうはずです。

おわかりですか？ このハードルこそ、クロージングの最後の場面です。営業マンは1メートルのハードルを10センチに下げてあげるのです。そうすれば、お客様はすんなり採用に踏み切れるようになるのです。

それを可能にするのが、またしても営業マンの声です。

「大丈夫」「間違いない」という思いを抱きながら、重心をしっかり丹田に落とし、声を張り詰めることなく、リラックスして、淡々とした声で話すのです。

もちろん、最初のアプローチの段階からこのような姿勢を持つことは重要でしょう。ただ、アプローチの段階ではお客様の気持ちを理解し、共感することがより重要です。これに対し、クロージングの段階では、専門分野のプロとして、またコンサルタント的な立場からも、安心させてあげることが必要になるのですが、その時に声が重要な役割を果たすのです。

POINT

最後の最後も、声を大事にしよう。投資するのは「当然」「当たり前」という思いをもって、高低のない淡々とした、かつ確信のある声で話そう。

既存のお客様の声を聞いて商品・サービスのよさを確信する

前項で、商品・サービスのよさを知っているのは、すでに購入いただいた過去のお客様、とお話ししました。採用いただいたお客様の声ほど営業マンを勇気づけるものはありません。お客様の声こそが、営業マンに自信を持たせてくれるのです。

もちろん、営業マン自身が自分なりに自信や確信も持ってはいるでしょうが、お客様から直接喜びや感謝の声を聞かせていただくことで、さらに確信が深まり、勇気をもらえるのです。それが、「目の前にいる新しいお客様が採用いただくことは当然、当たり前」と思える土台をいっそう固めてくれます。

ここで私の体験を紹介させていただきます。私は29歳の時に、人材教育の仕事をスタートさせましたが、最初は新規のお客様を回って営業する時間が圧倒的に多かったのです。その後、営業を見直し、既存客のフォローに時間をかけるようになりました。最初の私の営業時間比率は、新規客が8割に対し既存客が2割でしたが、それを新規客5割、既存客5割にし、最終的には新規客2割、既存客8割となりました。

売上は、新規客2割、既存客8割のほうが楽に上がるようになりました。紹介が増え、クロージング率が25%から50%以上に上がったことが理由です。


では、既存客を回り、何をしたかというと、実は「質問」をしたのです。私はお客様へこう質問して回りました。


「何が変わりましたか?」

「どのような成果が出ましたか?」

「どのようなことができるようになりましたか?」

「なぜ、そのような成果が出るようになったのですか?」

「何をされたのですか?」

そのほかには、

「どのようなことが今後のテーマですか?」

「そのことに対して、何を行なう必要がありますか？」

といったことも聞きましたが、面会時には最初の質問をすることが圧倒的に多かったのです。そして、お客様の回答をお聞きすることによって、私は「自分が提供している商品・サービスはこんなにお客様の役に立っている」「こんなにも喜ばれている」とますます確信を深めたのです。

この確信は私のクロージングに大きな影響を与えました。それは、**「採用いただくのは当然」と強く思えるようになった**ことでした。

これは私のクロージング率を格段に高めました。さらに、既存のお客様の声を多く知れば知るほど、新規のお客様に自信を持って向かえるようになりました。

ですから、既存のお客様を回り、先ほどの質問をしてみてください。必ず何かしらの答えが返ってきます。もちろんいいことばかりではなく、手直ししないといけないこともあるでしょう。見直さないといけないこともあるでしょう。それはそれとして素直に受け止め改善すれば、さらにクロージング率を上げることができます。

ぜひ、既存のお客様を回り、お客様の声を集めてください。お客様の変化の体験を聞いてください。感謝の声を実感してください。これが究極のクロージング率を高める方法です。そして、あなたの営業が善循環に入っていくための秘訣なのです。

POINT

既存のお客様を回り、お客様に「質問」しよう。お客様の答えはあなたのクロージング率を倍加させる。

4章

契約直前のお客様の躊躇にも「質問」で対応する

お客様の躊躇の言葉には「なぜ躊躇するのか」を質問する

契約前には、やはりお客様の心はざわめくものです。「本当にいいのだろうか?」「大丈夫だろうか?」。いいとわかっていても、心の中でこのようなささやきはあるのです。そんなお客様が口にするのが、逃げ口上や反論です。「ちょっとお金の計算をしてから」「忙しいので使えるかどうか」「本当に役立つかもう少し考えたい」。こうしたことを言って、購入の決断を遅らそうとするのです。

いずれにしても、契約前、お客様に逃げ口上や反論を言われた営業マンは困ってしまいます。最後の最後でこのようなことを言われたら、契約へと進まないからです。そこで営業マンは、あせってまくしたてたり、その場をやり過ごして、早く契約に持ち込もうとします。ところが、それがかえってお客様の反論や逃げ口上への意識を強くするとともに、そのように対処する営業マンに不信感を抱くようになります。

ここで、どのように対応するかが営業マンの腕の見せ所です。本章では、お客様の反論や逃げ口上への対応法をお教えしましょう。

まず、お客様は購入に際して、なぜ反論したり逃げ口上を言われるか、ということです。ここで理解しておくべきことは、**逃げ口上や反論を言われるのは当たり前**、ということです。だって、そうでしょう。誰もが投資のリスクを抱えたら不安になるものです。だから、つい「本当にいいのだろうか？」「大丈夫だろうか？」というような言葉を口にするのです。

その時のお客様の心理はどのようなものでしょう。それは、「私に確信を持たせて！」という心境です。

少なくとも営業マンはその道の専門家であるはずです。一方のお客様は素人です。素人のお客様にとって、専門家の営業マンからの言葉は大変参考になるのです。ＩＴが広まり情報化時代となり、誰もが情報を収集できるようになってきました。お客様も商品・サービスに関して事前にいろいろなことを調べられるようになりましたし、情報を持っておられることは確かです。

しかし、情報を持っておられるからといって、その商品・サービスの専門家ぐらいに詳しくなっているかと言えば、そうではないのです。反対に情報を持ちすぎて混乱しているということも多いのです。そんな時、やはり頼りになるのは、その道の専門家である営業マンなのです。営業マンに後押しされることで、お客様はほっとするのです。営業マンの「間違いないですよ」のひと言を欲しがっているのです。だから、わざと不安や心配を営業マンにぶつけるのです。

このように、お客様の言葉の裏にある気持ちを察してあげることです。そうすれば、逃げ口上や反論を言われても、ぶれることなく次のように言えるでしょう。

「これって、本当にいいのかしら」

「そのように心配されるお気持ちはよくわかります。ところでお客様、なぜそのように思われるのですか？」

「ええ……実は、今までも同じような買い物で失敗してね」

「なるほど、そういうことですね。なら、大丈夫です。この商品をお使いいただいた方の中でも、何人もの方が同じことを言われていました。その方々全員に喜んでいただいています」

「そうですか」

お客様が不安や心配の言葉をぶつけてきたら、あわてずに質問し、お客様の回答にじっくりと耳を傾け、共感し、そして確信を持たせてあげるのです。

あなたはお客様の言葉に惑わされる必要はありません。冷静に考えてみてください。お客様は興味があってあなたの話を聞かれたのです。しかも、契約の直前まで聞いてきたのです。ということは、大いに関心がある、ということです。

ここなのです。お客様の本音は。営業マンはそれを知るべきです。

このことがわかれば、その多くの反論や逃げ口上は解消できるでしょう。すでにおわかりかとは思いますが、お客様が反論や逃げ口上を口にした時に重要なのは、営業マンの対応なのです。それは、ぶれない心で、共感し、質問し、確信を与えてあげることなのです。

POINT

①不安や心配があるようなら、具体的に質問する　②心配や不安に、まず共感する　③なぜ、そのように思うのか、話をよく聞いた上で、そのことに対してアドバイスし、お客様に確信を与える

それでも躊躇するなら、質問で本音の原因を探り解決に乗り出す

お客様が反論し逃げ口上を言ってきたら、お客様が抱えている不安や心配を具体的に質問し、共感し、アドバイスし、お客様に確信を与えてあげることです。

それでも躊躇していらっしゃるようなら、何か原因があると思われます。その場合は、原因を探り、解決に乗り出せばいいのです。

「お客様、何か躊躇されているようですが、よければ、その理由を聞かせてもらえませんか？」

「はぁー、実は——と思いまして」

「なるほど」

逃げ口上や反論の内容は、ほとんど3つに集約されると言われています。それは**「お金」**

「時間」「効果」です。

お金は、「お金がない」「この金額は難しい」など。時間は「時間がない」「使う時間をとるのが難しい」。利益は、「本当にそのようになれるか」「効果が本当に出るか」などです。このどれにあたるかをまず聞き出し、躊躇する原因を突き詰めることです。

原因を突き止めたら、それを言っていただいたことに共感し、感謝します。そして、お客様に採用の気持ちがあるかどうかをソフトに確認します。

「お客様、ところでご自身としては、よければこれを採用したいと思っておられますか？」

大事なのは、この部分です。採用したいと思っているなら、解決すべき課題をクリアすればよいのです。採用しないということであれば、将来の見込み客とすればよいのです。どちらにしろ、まずこの点をさらっと聞いてみるのです。そうすれば見極められます。

答えがYesなら、「じゃ、その問題をどうすればいいかを考えましょうか？」となりますし、Ｎｏなら、「では、将来的には採用をお考えですか？」となります。ここまで話を聞いておられるわけですから、将来採用される可能性は高いはずです。そして、「じゃ、その時のために考えませんか？」となるのです。

実はＮｏの方も、話している間に問題が解決すると、意外に採用が早くなり、その場で採用にいたることも少なくありません。仮に、その場で採用にいたらなくても、このような話を振り向けると、次回にお声をかけていただけることが非常に多くなります。

答えがＹｅｓの方は、「じゃ、その問題をどうすればいいかを考えましょうか？」と言ったあとは、こう続けます。

「お客様はこの問題はどうすればいいとお思いですか？　何かいい方法はありますか？」

「方法がある」というなら、それを聞けばいいですし、なければ、さらに具体的に質問すればいいのです。

「お金がない」「この金額は難しい」というのであれば、「分割払いも可能なのですが、月々

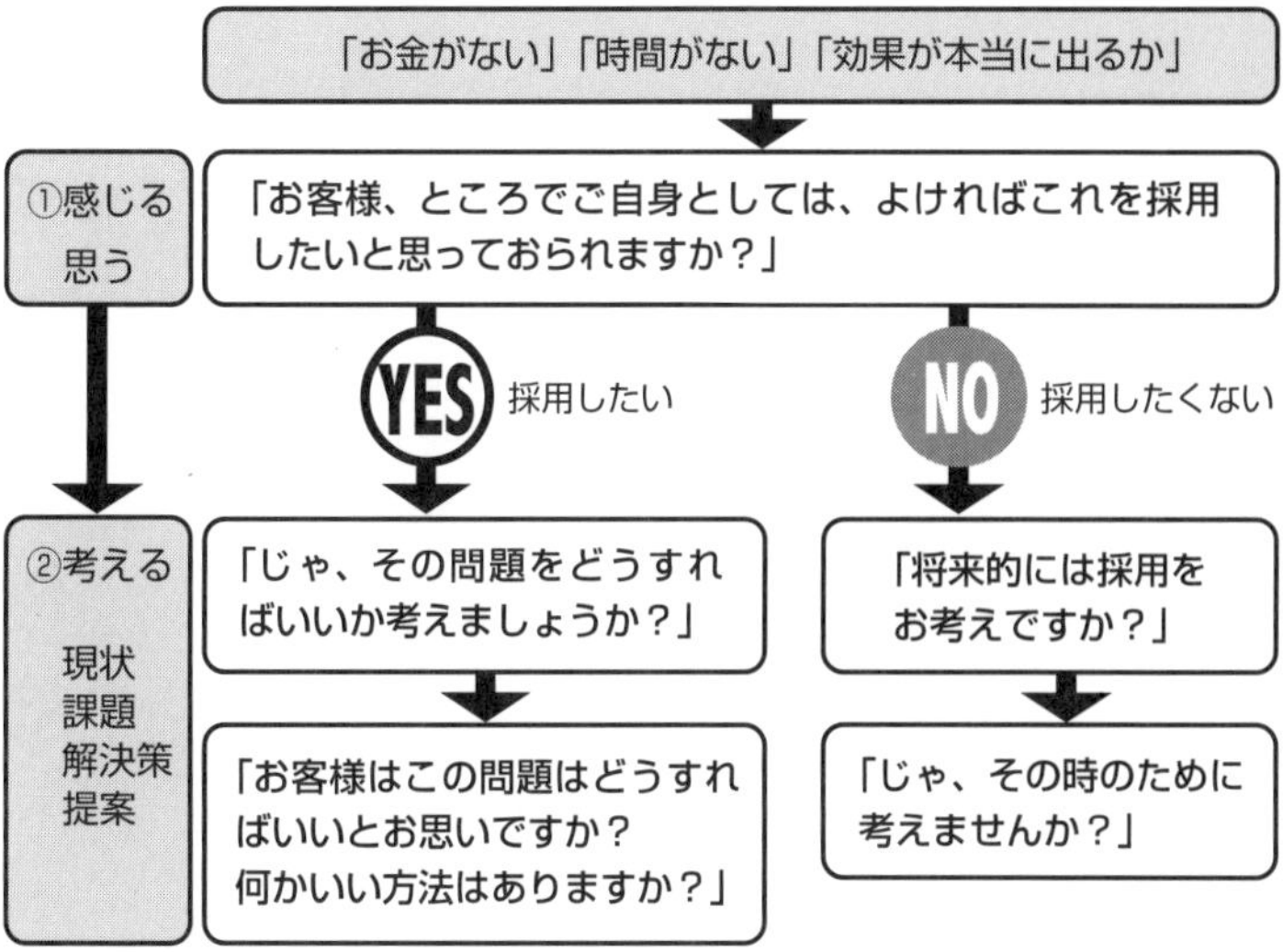
「お金がない」「時間がない」「効果が本当に出るか」
①感じる
思う
「お客様、ところでご自身としては、よければこれを採用したいと思っておられますか？」
YES
採用したい
NO
採用したくない
②考える
現状
課題
解決策
提案
「じゃ、その問題をどうすればいいか考えましょうか？」
「お客様はこの問題はどうすればいいとお思いですか？
何かいい方法はありますか？」
「将来的には採用をお考えですか？」
「じゃ、その時のために考えませんか？」

のお支払いならいかがですか？」「月々いくらくらいなら可能ですか？」等と言います。「時間がない」「使う時間を取るのが難しい」というのであれば、「隙間の時間なんかはないですか？」「この時期ならいけるかも？　なんて時間はないですか？」等と言います。「本当にそのようになれるか」「効果が本当に出るか」というのであれば、「どのような活用をしたらこのようになるとお思いですか？」「どのように使えば効果が出るとお思いですか？」等と言えばいいのです。

このような質問は、今までにお話ししてきた「感じる・思う→考える→行動する→結果が出る」という「人の行動原則」

で考えると、非常によくわかります。「採用しようと思っている」という場合、「感じる・思う」の部分は前向きです。次の「考える」段階で、「お金」「時間」「効果」のことを「考えている」状態なのです。ここが解決すると「行動する」の部分に入り「結果が出る（購入する）」になるのです。

したがって、「考える」について具体的に絞り込んでサポートすればよいのです。それは、お客様と一緒に考えてあげるというスタンスで接することです。

この「考える」には次の４つの段階があります（この点については拙著『「質問型営業」のしかけ』（同文舘出版）でも詳しく解説しています）。

〈「考える」の４段階〉 現状 ⬇ 課題 ⬇ 解決策 ⬇ 提案

「現状」を聞くと、「お金がない」「時間がない」「効果が本当に出るか」等が出てきます。次に、それぞれについて考えてもらいます。具体的には「どうすればお金ができるか？」「どうすれば時間が作れるか？」「どうすれば効果が出るか？」と質問します。そうすれば、お客様なりの解決策を言ってくれる場合があるということです。その上で、こちらからも提案します。先ほどの例で考えてみましょう。

「お金がない」「この金額は難しい」 現状
「分割払いも可能なのですが、月々のお支払いならいかがですか？」 課題
「そうだね。月々1万円ならいけそうだね」 解決策
「ではその方向でいかれてはいかがですか？」 提案
「そうだね」

「時間がない」「使う時間をとるのが難しい」 現状
「この時期ならいけるかも？　なんて時間はないですか？」 課題
「そうですね。朝の通勤時間なら取れそうだね」 解決策
「ではそういう時間を使っていただいたらどうですか？」 提案
「そうですね」

「本当にそのようになれるか」「効果が本当に出るか」 現状
「どのように使えば効果が出るとお思いですか？」 課題
「やっぱり熱心にやらなくてはね」 解決策

「なるほど。では1日10分熱心にするなんてどうですか？」 提案

「それいいね。それならできそうだね」

いかがでしょうか？　このようにお客様の「人の行動原則」「質問の段階」などを理解すると、反論や逃げ口上の対処も格段に楽になります。また、このような訓練と実践を行なうことによって、あなたの対応力はますます向上するでしょう。そして、それらが身についた時には、実はお客様に反論や逃げ口上を言われることがなくなるのです。なぜならば、アプローチ、プレゼンテーションの段階で、あなたが無意識にこれらの対処をし出すからです。つまり、クロージングの段階では、反論や逃げ口上の芽がすでに摘み取られている、ということです。

POINT

反論・逃げ口上にも、「人の行動原則」「質問の段階」に合わせて質問する。①採用しようと思っているか？（感じる・思う）→②その課題をどうすればいいか（考える）(1)現状はどうか？ (2)課題は何か？ (3)どのようにしたら解決できるか？ (4)提案は？ →③行動する

「妻（夫）に相談する」にどう対応するか

お客様の反論と逃げ口上の理由は、「お金」「時間」「効果」の3つにほとんど集約されますが、ここでは、他の逃げ口上について触れましょう。

それは、**誰かに一度相談する**という逃げ口上です。「妻（夫）に相談する」「上司に相談する」「担当税理士に相談する」といった具合です。これは、まさしく文字通りの逃げ口上と言えるでしょう。ところが、これをお客様に言われると、営業マンは困るのです。その人に相談して、その結果をまた聞いて……などとやっていると、間延びしてしまうからです。また、こうした逃げ口上を言うお客様を放っておくと、たいがい〝なし崩し〟に終わってしまいます。とはいえ、なかなか突っ込んでいけないのも事実です。ここでは、その対処法をお教えします。

右のような逃げ口上を言われたら、まずは、それはそれで感謝を申し上げます。そして、相手の感想を聞くのです。そうすると、こんな具合に、再び態勢を立て直せます。

「お客様、ところで、お客様ご自身としては、よければ採用したいと思っておられるのですか？」

「私がいくらそう思ってもね。上司（夫・妻）が反対したら同じだからね」

「もちろん、そういうこともあるかとは思いますが、お客様自身としては採用についてはどのように感じられますか？」

「そりゃ、私はいいと思っているよ」

「では、採用については、どうしたいとお思いですか？」

「そりゃ、採用できたらいいよね」

「そうですか、それはありがとうございます。では、次の問題は上司（夫・妻）の方がどうしたら、採用に賛成してくれるか、ということですね」

「確かにそうですね」

ここまで来たら、先ほどの「人の行動原則」で考えます。

感じる・思う ⬇ 考える ⬇ 行動する ⬇ 結果が出る

「採用したいと思っている」ということですから、「感じる」「思う」の部分は前向きです。次の「考える」の段階で、「どうしたら、採用に協力してくれるか?」と考えます。ここが解決すると「行動する」の部分に入り「結果が出る（上司・夫・妻に報告する）」になるのです。そこで、「考える」の段階を、次の質問にそって考えてもらいます。

現状 ⬇ 課題 ⬇ 解決策 ⬇ 提案

先ほどの例で考えてみましょう。

「いかがでしょうか？　上司の方はどのように思われるでしょうか?」 現状
「予算もないし、難しい顔をすると思います」
「では、どうすればそれを前向きに考えてもらえるでしょうか?」 課題
「そうですね。まず生産性についての話をしたほうがいいと思います」
「なるほど。そのためにはどうするのですか?」 解決策
「先に生産性の話を持って行き、その上で、それに役立つこういう商品があると持って行くといいかもしれませんね」

「なるほど、じゃ、私どもがお手伝いできることはないですか？」**提案**
「その商品説明を上司に一度していただきたいのです」
「なるほど、じゃ、その話を上司に持って行った上で、私が協力させていただければいいですね」**提案**
「そうですね」
「では、その報告はいつにされますか？」
「なるべく、早くしましょう。明日にでも」
「了解しました。ではご返事お待ちしています」

このように質問を展開すると、話が進展する確率がぐんと高まります。大事なことは、「人の行動原則」「質問の段階」を理解して、質問していくことです。クロージングとは「人の感情のメカニズムを利用したシステム」ということがおわかりいただけるでしょう。

POINT

反論や逃げ口上には、相手の本音を聞いて、「人の行動段階」「質問の段階」にそって質問しよう。

最後の「考えさせてくれ」にどう対応するか

最後の最後に「考えさせてくれ」という逃げ口上を言うお客様がいます。人によっては、「もう一度考えさせて」とか、「もう少しだけ考えさせて」とか、「納得もいったし、欲しいとも思う。だけど、最後にもう一度考える」などと言ったりします。

これは、**間違いないとは思うが、もう一度冷静に見てみたい**ということです。あるいは、お金を支払わないといけないので、もう一度最後に自分で確認したい、ということです。この時のお客様の心理は、「もう、何も問題はない。だけど、最終の決断をするのが怖い」ということになると思います。

この時、あなたはうかつにクロージングに入ってはいけません。「考えさせてくれ」と言っているのにクロージングに入ると、お客様の気持ちを逆なですることになり、かえって逆効果です。そんな時はクロージングに入らず、まずは感謝の言葉を伝えます。

「私どもの商品・サービスを認めていただきありがとうございます」

「前向きに考えていただきありがとうございます」


これは「考えさせて」という言葉を前向きにとらえているのです。この時に営業マンが疑問を持つと、「もう考える必要はないのではないですか」「ここまで来たら、あとは採用して使ってみないとわからないのでは」などと言ってしまいます。このように言われたお客様は、「そんなことを言われても大事な判断なのでね」「そんなことは言われないでもわかっている。でも……」と、かえってかたくなになってしまいます。ですから、十分に注意が必要です。具体的には、こう続けます。


「大事なことですので、よく『考えて』いただいて結構なのですが、ところで、どのようなことを『考えられる』のでしょうか？　何か、ご判断がつかないようなことがあれば、私どもでも協力させていただきますけど」

「……」

「できましたら、本音のところを何でも聞かせていただければうれしいのですが？」

「そうですか。実は……、本当に大丈夫かと……」

こう質問していろいろ聞かせていただき、それに共感し、アドバイスをすればいいのです。実は、**この場合の「考える」には、特にこれといった理由がない**のです。**単に決断を遅らせる、というだけ**なのです。しかし、決断を遅らせると、かえって情報を忘れ、決断しにくくなるのがオチです。こんなときには、その場で時間をとって、上に示したように**「一緒に考えた」という感覚を持っていただければいい**のです。

すると、「まー、いくら考えても、結局はやってみないとわからないからね」などという答えが返ってきて、「じゃ、もう考えたので、やってみましょうか」となるのです。

このように、どんなときにも落ち着いて質問し、本音を話してもらうことが非常に大切なのです。

POINT

最後の最後に「考えさせてくれ」と言われたら、感謝と共感をする。そして、その場で考えてもらうために、やはり、質問をする。

何度もクロージングを迫らない

「この商品、いいでしょう」
「ぜひ、今日決めてください」
「契約書のここにお名前を書いていただくだけです」

クロージングで、このようにぐいぐい押す営業マンがいます。お客様がすでに決断されているのであれば、これも悪いことではありません。ただ、気をつけないと、お客様は「営業マンに決められている」と感じてしまいます。そう思われたらマイナスです。**購入を決めるのは、どこまでもお客様**だということを忘れないようにしましょう。

商品・サービスを使うのはお客様です。その効果を実感するのもお客様です。そして、喜ぶのもお客様です。購入はすべてお客様のためです。お客様に喜んでいただければ、自然に周りの人にそのことも宣伝してくださいます。

ですから、どこまでも「自らが判断したのだ」「購入したのだ」と思ってもらうことが必要なのです。

もちろん、営業マンがクロージングを迫って、お客様がそれに従うということはあるでしょう。そんなお客様はたいてい「あなたの言うようにしましょう」とか「わかりました。購入しましょう」などと言いますが、この言葉は要注意です。なぜならば、**このように言うお客様は、自分で判断するのを避け、営業マンに判断を委ねようとするからです。「営業マンが言うので採用した」という風にしたいのです。**

もちろん、これもクロージングのひとつではありますが、「営業マンが言ったので買った」となると、購入後何かがあった場合、営業マンの責任にし、自ら解決しようという気持ちが弱くなります。このことは、何かあった時に営業マンが困る、という話ではありません。商品・サービスを活用する上で、お客様が困る、ということです。

こうした事態を回避するためには、言葉遣いに注意することです。先ほどの例では、

「この商品、いいでしょう」➡「どのように感じられますか？」

「ぜひ、今日決めてください」➡「ご判断されるのに、必要なことはありますか？」

「契約書のここにお名前を書いていただくだけです」➡「契約書はお持ちしていますが、書かれますか？」

となります。つまり、判断することを強制せず、判断することへとナビゲートするのです。営業マンがお客様に強要したり、お願いしたりしてはいけないのです。ただ、だからと言って、すべての判断を任せるというのではなく、どこまでも、無理なく、そしてスムーズに判断してもらう方向へと導くのです。具体的には、

「～されませんか？」「～してはどうでしょうか？」

という具合に、行動へと導くような言葉で質問すればいいでしょう。
このように、クロージングでは、わずかな言葉遣いが大きな差となって表われるのです。

POINT
クロージングとは、決断させることではなく、決断をしやすいようにナビゲートすること。

「いくらかかるの？」にどう対応するか

最後に、お客様からの質問への対処法についてお話ししましょう。お客様から質問されると、営業マンは「すぐに答えないといけない」とか「しっかり答えてあげないといけない」と思いがちです。しかし、そのようにする必要はありません。

その前に考えていただきたいのは、**なぜ質問するのか？**ということです。実は質問されるには理由があるのです。それは、**たんに教えてほしい、ということではなく、すでにお客様なりの考えがあって、それが可能かどうかを知りたい**のです。

たとえば、「これはどのように使えばいいのですか？」の真意は、「私はこのように使いたいのですが、可能ですか？」です。

「これに慣れるのにどれくらい時間がかかりますか？」の真意は、「私はこれに対して時間があまり取れないのですが、そういう私でもできますか？」です。

「これはいくらくらいですか?」は、「だいたい○万円くらいと予想しているのですが、その範囲内でいけますか?」となります。

これを理解せず、お客様の質問にどんどん答えていくと、余分なことまで話をすることになって、焦点がぼやけてしまいます。また、どうしても営業マンの話が多くなり、説得的になってしまいます。そうならないようにするためには、質問にすぐに答えず、なぜその質問をするのかという根拠を聞くことです。その質問の背後で、お客様がどういう考えを持っているか、あるいは、どういうことを感じたり、思ったりしているかを探るのです。

感じる・思う ➡ 考える ➡ 行動する ➡ 結果が出る

「人の行動原則」から見ていただくとおわかりのように、「お客様が質問する」というのは、お客様の「行動」の部分です。そこにいたるには、お客様は何かを「考え」「感じ思う」ことがあるから、質問しているのです。ですから、その部分を聞いた上でお答えしたほうがいいのです。

このように見ると、「質問」には、まず「質問」で対応するというのが正しいのです。

この点を先ほどの例で見てみると、

「これはどのように使えばいいのですか？」➡「お客様はどのように使いたいとお思いですか？」

「これに慣れるのにどれくらい時間がかかりますか？」➡「お客様はどれくらいの時間が取れそうですか？」

「これはいくらくらいですか？」➡「お客様はいくらくらいなら可能でしょうか？」

というようになります。**質問には質問で対応する。**意外な盲点ですが、質問型営業という観点からすれば、むしろ当然の対応法ということになります。

そして、これがクロージングにナビゲートする方法でもあるのです。

POINT

「質問への対処は質問すること」を理解し、できるようになると、落ち着いてお客様をクロージングへとナビゲートできるようになる。

自信ある態度がお客様の躊躇を取り払う

これまでさまざまなお客様の反論や逃げ口上についてお話ししてきました。それをまとめてみましょう。

①クロージング前にお客様の躊躇の言葉に接したら、なぜそのように躊躇するのかを質問しよう。そうすれば、確信が欲しいという本音のメッセージであるとわかることが多い。

②それでも躊躇するなら、その時には質問で本音を探り、解決に乗り出そう。

③「妻に相談する」と言われたら、当人の本音を聞く質問をしよう。

④最後の「考えさせてくれ」などの躊躇は、「もうひとつ解決していないことがある」というメッセージ。まず、共感。そして、「もうひとつ何を解決しなければいけないか?」を質問して、本音を聞こう。

⑤何回もクロージングを迫るのはだめ。そうではなく、どこまでも一緒に考え、確信を

もってもらうために質問し本音を聞こう。
⑥質問には質問で聞き返す。「いくらかかるの?」には、「いくらくらいなら可能ですか?」と質問で聞き返し、その本音を聞こう。

このようにまとめて見ますと、お客様の躊躇には、おのずと対策が見えます。そうです。それは、**堂々と落ち着いて対応し、質問し、本音を聞こう!** ということです。

ここまできたお客様の心理というものを考えてみましょう。お客様は興味や関心があるからこそ、あなたの話を聞かれました。それも最終まで、です。あなたも、ひとりのお客様として、このような状況に接したことがあると思いますが、その時のお客様としての自分の心理を思い出してみてください。

それはちょうど、だだっ子のようなものです。わかっているけど行動できない。そんなわが子の気持ちを知った母親は優しく見守り、そして、ここぞというところで子供に質問するのです。「どうするの?」と。そうすると、子供はすべてを見透かしている母親に観念し、おとなしくなり、そして母親の声に従うのです。

お客様の躊躇である、反論、逃げ口上に接した時にこそ、営業マンは質問し、お客様に本音を話してもらうことが重要なのです。クロージングとは、お客様に本音で話してもらう場面であり、本音を話してもらうために営業マンは質問する、ということです。

このように見てみますと、営業マンの質問は、お客様の強力な助っ人と言うことができるでしょう。営業マンの質問によって、お客様自らが本音で話すようになります。営業マンの質問によって、お客様は自発的な行動を起こします。そして、お客様の本音とは、商品・サービスを購入し、日常をより快適に、便利に、楽しみたい。あるいは、もっと自分の仕事の効率を上げたい、ということなのです。

クロージング、そして、反論と逃げ口上、そのすべてにわたって「営業マンは質問で対応する！」のです。

POINT

質問とは、お客様が自ら本音を語り、自らクロージングへと向かってもらうための最高の助っ人である。

5章

営業のすべての過程は「クロージング質問」が鍵

営業のすべての段階は「クロージング質問」で進む

クロージングというのは、お客様自身が納得して、購入までの段階を進んでいくための技術です。ただし、それは営業マンがお客様を契約の段階まで押し進めていく技術ではありません。お客様自らが契約へと進んでいくことを営業マンが手助けする技術です。この時に役立つのが、営業マンがお客様の気持ちや意志を聞くための質問です。これを「クロージング質問」といいます。クロージング質問は、アポイント、アプローチ、プレゼンテーションの各段階で必要となります。各段階で、クロージング質問によって、お客様が以下のような状態になれば、クロージングできたことになる、つまり、次の段階にお客様が進んで行かれるのです。

■アポイント

アポイントとは、電話や飛び込み訪問などで、面会の約束を取り付けることです。この段階では、お客様に「お会いしましょう！」「聞かせていただきましょう！」と言っていただき、お客様自らが面会の「時間」を取ってくださることができたら、アポイントでのクロージングができたことになるでしょう。

■アプローチ

アプローチは、実際にお客様と面会することです。この時、すぐに営業するのではありません。営業マンは再度、訪問の目的を告げ、お客様の状況を聞かせていただきます。そして、自分の商品・サービスがお客様のお役に立つか、質問を通して調べ、お役に立つとわかれば「プレゼンテーションを聞かれませんか」と提案します。お客様に「では、具体的に聞かせていただきましょう！」と言っていただき、しっかりと「時間」と「場所」を取っていただけたら、アプローチでのクロージングができたことになります。

■プレゼンテーション

プレゼンテーションは、いよいよ商品・サービスの説明をすることです。商品・サービスの説明を行ない、それがいかにお客様のお役に立つかをわかっていただく段階です。演劇であれば舞台本番です。ショーマンシップを発揮し、お客様に感動していただく段階とも言えるでしょう。この段階でお客様に「買いたい！」「すぐ欲しい！」と言ってもらうことができたら、最高のプレゼンテーションであり、最高のクロージングができたことになるでしょう。そうでなくても、お客様にそのように思ってもらうことができたら、プレゼンテーションにおけるクロージングは成功したと言えるでしょう。

このように、各段階でクロージングができたということは、お客様に次の段階へ期待を持っていただけたということです。ところが、各段階でとにかく売ろうとしてしまう営業マンがいます。それでは押し売りであり、お客様から断られるのは当たり前です。各段階でお客様の気持ちを見極め、しっかりと「Ｙｅｓ」の言葉をいただいた上で、次の段階に入ることができた場合、まさに、お客様の望んでいる方向へ営業マンが導いていくことになるのです。

POINT

クロージング質問を身につけていない営業マンは単なる説明屋か、押し売りでしかない。営業マンは各段階のクロージング質問を身につけよう。

クロージング質問で、各段階の関所を越える

営業の各段階で、クロージング質問によってお客様にどのように答えていただければいいのでしょうか？ それを段階ごとに示すと次のようになります。

【アポイント】
「お会いしましょう！」「聞かせていただきましょう！」と言っていただけること

【アプローチ】
「具体的に聞かせていただきましょう！」と言っていただけること

【プレゼンテーション】
「いいですね、欲しいですね！」と言っていただけること

このように言っていただくために重要なのが、お客様の欲求です。お客様はどういう時

に営業マンの話を聞かれるのでしょうか。それは、お客様が営業マンの話や商品・サービスに興味、関心がある時です。このように考えると、すべての営業はお客様の欲求にもとづいているのです。営業マンに「話を聞いてもらいたい」「商品・サービスを売り込みたい」「買ってほしい」という気持ちがあったとしても、お客様には一切関係がないのです。

よく営業マンは「自分の話を聞いてもらえれば、お客様に買ってもらえるはずだ！」と思い、一所懸命に商品・サービスの説明をしようとします。しかし、いくら素晴らしい商品でも、お客様にとって興味、関心がなければその説明は意味のないものなのです。まして、買われることなどありません。営業マンは自分の扱っている商品・サービスについて四六時中研究しているので、その素晴らしさを伝えたい、という気持ちになるのでしょう。しかし、いくらそうであっても、それは営業マン側の思いにすぎません。

「いや、先日もお客様は私の話に興味を持って、熱心に聞いていただきました！」と言われる営業マンもいます。しかし、それは、もともと欲求を持っておられるお客様のところに、たまたまその営業マンが行ったにすぎません。話を聞いて興味を持っていただいたのではなく、興味のあるところに行っただけなのです。だから、説明の下手な営業マンであっても熱心に聞いてもらえます。大事なことは、お客様の欲求です。ただただ欲求こそが重要なのです。ですから、アポイント、アプローチ、プレゼンテーションの各段階では、お客様の欲求について質問をしなければいけないのです。

このように考えますと、クロージング質問のポイントは、**お客様に欲求があるかどうか**です。ですから、アポイントでは、「会ってください」「聞いてください」ではなく、「お会いしませんか?」「聞かれませんか?」と聞きます。アプローチでは、「具体的に聞いてください」ではなく、「具体的に聞かれませんか?」と聞きます。プレゼンテーションでは「買ってください」ではなく、「使いたいと感じられましたか?」と聞きます。

このような質問に「Yes!」であって、はじめて次に進むことができるのです。もし、ここで「No」ならば、なぜそのように思わないか、その理由を質問すればいいのです。そして、お客様の返事に共感し、さらに質問や提案をしていきます。もしそれでも「No」なら、引きさがり、次のタイミングを待てばいいのです。

営業の各段階で、お客様の気持ちを問いただすクロージング質問は非常に重要です。これは、次の段階に入るための関所札のようなものです。この質問に対して、「Yes」をくださったお客様だけが次の段階に進めるのです。ところが、多くの営業マンはこの質問ができません。それは「Ｎｏ」と言われたら、もうそこですべてが終わってしまうと思ってしまうからです。だから返事をもらうことを怖がって、クロージング質問ができないのです。

重要なことなので、再度言います。
お客様が話を聞くのは、お客様自身に欲求があるからです！　欲求があるから話を聞くのです。そして、その欲求が高まれば採用するのです。欲求もないお客様に営業マンが話をしても採用はありません。欲求もないのに話をしようとするから、営業マンが嫌がられるのです。お客様の欲求に注意してください。そして確かめてください。そのためにクロージング質問をするのです。

POINT

クロージング質問によって、営業マンは的確にお客様の気持ちを確かめよう。そうすれば、的確な営業を行なうことができる。

アポイント

「会ってみよう！」「聞いてみよう！」と言ってもらえる質問

アポイントの段階では、具体的にどのような質問をすればいいのでしょうか。

アポイントは電話や飛び込みから話が始まります。それは、お客様とのはじめての対話や面会です。この状況でのアポイント方法、そして、この後のアプローチ法やプレゼンテーション法については、拙著『「質問型営業」のしかけ』（同文舘出版）、『ビジネスリーダーの「質問力」』（角川SSC新書）で詳しく解説しておりますので、合わせてお読みください。

ここでは、アポイントにおいて「会ってみよう！」と言っていただく（飛び込みの場合は「聞いてみよう！」と言っていただく）ためのクロージング質問についてお話ししましょう。2つのポイントがあります。

①あくまでも情報の提供であること。情報を提供することで、お客様はそれを知り、役立てることができる。

②採用する、採用しないは一切関係ない。それを選択するのはお客様である。

まずは、①についての認識を持つことです。営業マンが行なうのはあくまでも**情報の提供**です。当社の情報を知っていただくこと、あるいはそれに関する情報を知っていただくことです。したがって、クロージング質問は「情報をお聞きになりませんか?」となります。そして、面会の時には、情報を提供してお役に立つのです。さらに興味、関心があるなら、次の段階のアプローチやプレゼンテーションを聞いていただければいいのです。そうでなければ情報だけ提供し、今後の参考にしていただければいいのです。このように考えて「お客様の役に立てばうれしいのです。ですから情報をお聞きになりませんか?」と言えばいいのです。

②は、採用する、しないの判断の主体はあくまでもお客様である、ということですが、このことをわかっていない営業マンが意外に多いのです。そんな営業マンはすぐ売ろうとします。お客様はいつもそのような営業マンからの売り攻勢に辟易しています。だからお客様は、「営業マン＝売りに来る人」というイメージを持っています。

そこで「採用する、しないは一切関係ありません。それはお客様がご判断することですから。ですから気軽に情報としてお聞きになりませんか?」と、あえて当たり前のように言うのです。それも何回も気軽に言うことです。そのうちに、お客様は「確かにそうだな。聞いてみれば、それだけでも役立つな」と思ってくださいます。そうすれば、話を気軽に聞いてもらえます。アポイントの目的は、気軽に聞いてもらうことなのです。

「きっと～さんのお役に立つ情報になると思います。ですから情報としてお聞きになりませんか?」

「もちろん、採用する、しないは一切関係ありません。それはお客様がご判断することです。ですから気軽に情報としてお聞きになりませんか?」

アポイントの段階でのクロージング質問とは、このように尋ね、お客様に「とりあえず会ってみよう!」「聞いてみよう!」と言ってもらえばいいのです。

POINT

「会ってみよう!」「聞いてみよう!」と言ってもらうために必要なのは「情報の提供」で、「採用する、しないは一切関係なし」ということを理解してもらうこと。

アプローチ

「具体的に聞いてみよう！」と言ってもらえる質問

アポイントが取れたら、次はアプローチです。アポイントが5分なら、アプローチは10分から30分というところでしょうか。アポイントが電話か面会での立ち話であることが多いのに対し、アプローチは座って話ができる状態であることが多いものです。ただ、座って話すといっても、奥の応接室や会議室ではなく、入り口の商談室などが多いはずです。いずれにしても、アポイントより進んだ状態であることには変わりありません。

この段階でのお客様の状況を見てみましょう。営業マンに電話でアポイントを取られた場合も、飛び込みでアポイントを取られた場合も、どちらもお客様にとっては突然の出来事です。その時の状況は、質問をされながら、目的、商品・サービスについてなんとなく理解したので、「会ってみよう！」「聞いてみよう！」となっただけで、「真剣に聞かせてもらいたい！」というところにはいたっていません。

アプローチでは**さらにその目的や商品・サービスについてはっきりと知ってもらうこと**です。この時に重要なのがお客様の欲求です。なぜならば、お客様の欲求がはっきりとわかり、営業マンが持つ情報がお客様のお役に立つということがわかれば、「一度、しっかりとお聞きになりませんか?」とか「聞いてみたいと思いませんか?」と言えるからです。これがアプローチの段階におけるクロージング質問になります。この時に、お客様も自分自身の欲求の実現につながるとわかれば、「具体的に聞かせてもらいましょう」となるのです。

アプローチで間違いやすいのは、アポイントが取れたので、お客様に聞いていただけると思い込み、訪問してすぐさま自社の商品・サービスの説明をすることです。お客様はこの時点では、まだ軽くしか考えていません。仮に、アプローチする前に資料を送っていても、状況はあまり変わらないと見るのが無難でしょう。また、アポイントから日数が経っていたら、お客様は話の内容を忘れていることもあります。その場合、さらに状況は整っていないと考えたほうがいいでしょう。では、このときにどうするか? ですが、先ほどのアプローチと同じです。つまり、次の2点を踏まえることです。

①あくまでも情報の提供であること。情報を提供することで、お客様はそれを知り、役立てることができる。
②採用する、採用しないは一切関係ない。それを選択するのはお客様である。

①、②を繰り返しながら、「ところで」という言葉で、お客様の欲求を聞くきっかけを作るのです。そして、現状・状況から、欲求を明らかにしていくのです。さらに、そのためにどのような解決策を持っているかを聞き、それを実現するための方法として、商品・サービスの提案を行なえばいいのです。

このように見てみますと、アプローチはアポイント取りと同じであるとわかります。ただ、アプローチの場合は、さらに少し踏み込んでのアポイント取りとなります。アポイントが「時間」を取ってもらうなら、**アプローチは「時間」と「場所」を取ってもらうこと**です。したがって、アプローチのクロージング質問は以下のようになるでしょう。

「きっと～さんのお役に立つ情報になると思います。ですからしっかりと情報をお聞きになりませんか?」

「もちろん、採用する、しないは一切関係ありません。それはお客様がご判断すること ですから。ですから、しっかりと情報をお聞きになりませんか？」

POINT

アプローチのクロージングは、面会の時間と場所を取ってもらうこと。そのために必要なのが「しっかりとお聞きになりませんか？」というクロージング質問。

プレゼン

「欲しい!」と思ってもらえる質問

アプローチがすんだら、いよいよプレゼンテーションに入ります。このプレゼンテーションこそが、営業マンにとって最高の見せ場です。自社の商品・サービスをお客様に説明し、その効果と利益をわかってもらうのです。この時のために、今までアポイントやアプローチをしてきたと言ってよいでしょう。そして、プレゼンテーションが素晴らしいものであったら、この後に続く契約にスムーズに進んでいくことができます。その意味では、営業マンにとって最も重要な場面と言ってもいいでしょう。

では、いよいよ商品・サービスの説明を、といきたいところですが、「ちょっと待った!」です。ここですぐさま、「では、さっそく、私どもの商品・サービスについて……」と言ってはいけません。こう言ってしまうのが大きな過ちなのです。

おそらく、ほとんどの営業マンがこのように早々に商品・サービスの説明に入っているのではないかと思います。ということは、多くの営業マンが、プレゼンテーションのやり方を間違っている、ということです。

では、どうするか？　実は、この最高の場面で再度行なっていただきたいことがあるのです。それは、**お客様の欲求を再度、明確にすること**です。

お客様は商品・サービスの内容について聞くのではありません。その商品・サービスが自分の欲求を実現できるかどうかを聞くのです。だからお客様の欲求が重要なのです。**プレゼンテーションに入る前に、欲求が明確になっているか、ということが大切なのです。**なっているはずとか、なっているつもり、ではいけません。なぜなら、欲求が明確になっていなければ、商品・サービスの内容を話しても、しっかり聞いていただけないからです。逆に、欲求が明確であればあるほど、話をしっかり聞いてもらえますし、営業マンもお客様の欲求に関連づけて説明できるようになるのです。

プレゼンテーションで重要なことは、**欲求を明確化し、顕在化すること**です。そのために行なうこと、それは、再びお客様への質問です。

アポイントでもアプローチでも欲求を聞いたので、再度、聞くのは「しつこい！」と思われるかもしれません。あるいはお客様から「今まで何を聞いていたの！」とお叱りの言葉をいただくのでは、と不安になるかもしれません。その時には、こう言っていただきたいのです。これが、プレゼンテーションにおける最初のクロージング質問となります。

「お客様、私どもにとって、一番大事なこと。それは商品・サービスの説明ではありません。お客様の望んでおられること、そしてお客様の問題や課題なのです。その解決のために、この時間があると思っています。ですから、再度、その件について明確にさせていただきたいのですが、よろしいでしょうか？」

そして、現在どのようなことを望んでおられるか、問題・課題は何なのかを聞かせていただくのです。また、それに対する現状での取り組み、今後の取り組みを聞くのです。つまり、現状、欲求、解決策を聞く、ということです。そして、最後に提案をするのです。この時に、お客様にこう質問します。

「もし、それらが解決できるものがあれば、いいと思いませんか？」
「それが解決できる方法があればどうですか？」

これこそが、プレゼンテーションにおける2番目のクロージング質問です。そして、このクロージング質問に「Ｙｅｓ！」をもらって、はじめて商品・サービスの説明に入っていくのです。すでに欲求が明らかになったお客様にとっては、営業マンの説明は救世主の声のように聞こえるでしょう。

プレゼンテーションにおけるクロージング質問。それは、お客様の欲求を明確にし、最高に高め、一気に解決法の提示に向かうための重要な質問なのです。

POINT

プレゼンテーションは、どこまでもお客様の欲求を明確にし、それを高めるもの。特に、「もし、それらが解決できるものがあれば、いいと思いませんか？」は重要なクロージング質問となる。

それでも迷い出してしまうお客様への効果的な質問

お客様は、営業マンと話している中でいろいろなことを考えます。商品・サービスについて考えるときに引っかかるのは、こんな不安や疑問があるからです。

「このような話を聞くと、また衝動買いするのではないだろうか？」「また余計なものを買ってしまうのではないだろうか？」「引くに引けなくなるのではないだろうか？」「本当に必要なものだろうか？」「妻（夫）は、どう思うだろうか？」「他の人はどのような反応をするだろうか？」――こうして判断が鈍るのです。

このような時には、「浮かんだことは、遠慮なく言ってください」とか、「なんでも本音で話してください」と言い、実際に何でも聞いてください。そうすれば、お客様は原点に戻って行きます。その時の質問は、

「お客様はどうしたいと思っておられるのですか?」

です。

お客様が商品・サービスを購入されるのは欲求に基づいてです。それは購入にかぎったことではありません。お客様のすべての行動は、欲求から起きるのです。自分がどうしたいかがはっきりするということは、欲求がはっきりするということです。「人は自分の思った通りにしか動かない」「人は自分の思った通りに動きたい」のです。欲求こそが行動の原点です。欲求こそが行動の起爆剤です。

お客様が立ち止まるのは、判断するのに困ったときです。判断に困るのは、選択肢が多いときや、選択へのリスクがある時です。そこで使うのが「お客様はどうしたいと思っておられるのですか?」なのです。欲求通りに動きたいと思っているのが人間です。自分の思う通りに動きたいと思っているのが人間です。ですから、説得なんてする必要はないのです。

「お客様はどうしたいと思っておられるのですか?」

「たしかに、聞いてもいいなと思うのですけどね。でも資金がいるからね」

「もちろん、そういうこともあるでしょう。でも、それは後のことです。問題は、お客様がどうしたいかということです。お客様はどうしたいと思っておられるのですか?」

「先ほどから言っているように、いいとは思っているよ。じゃ、とりあえず、話だけ聞いてみようか」

となるのです。いつでも大事なのはお客様の欲求であり、本音です。それをお客様への質問で導き出すのです。これこそが、お客様が立ち止まった時のクロージング質問です。

POINT

営業の各段階でさまざまなクロージング質問があるが、困った時に効果があるのは「お客様はどうしたいと思っておられるのですか?」という質問。

「クロージング質問ができるかどうか」が営業力の差

これまで、営業の各段階でのクロージング質問についてお話をしてきましたが、最終的には、このクロージング質問ができるかどうかによって、営業の成果に大きな差が出るといえます。

何度もお話ししてきたように、クロージングとは、お客様自身が自分で契約に押し進めていくことです。お客様が自分で契約へと押し進めるのは、欲求があるからです。このように考えると、クロージング質問でお客様の欲求を推し量り、その欲求に基づいて、次のステップへと進めていくことこそ、クロージングの秘訣と言えるのです。

もちろん、営業の途中には、お客様の欲求を高めることも重要でしょう。しかし、根本は欲求があるかどうか、ということです。もし欲求がなければ、そのお客様への営業はあきらめ、次のお客様を捜すのです。お客様に欲求がある場合は、その欲求が高まるかどうかを質問することで調べます。もし欲求が高まらなければ、そのお客様は見込み客リストに入れればよいのです。結局、欲求があり、欲求が高まるお客様のみが、最終のクロージングにまでいたるのです。

このように考えますと、クロージング質問で、お客様の欲求のレベルを確かめ、その結果によって、これからどのように営業するかを決めると言えます。

「それでは営業の意味がないのではないか」とか「営業努力というのは一体何なのか」と言う人もいるかもしれません。しかし、私の経験ではこれが最も効果的な営業であり、その際に使うクロージング質問が非常に有効なのです。何しろ「人は自分の思った通りにしか動かない」「人は自分の思った通りに動きたい」生き物ですからね。そして、お客様の欲求を見極め、高めることが営業努力と言えるのです。

クロージング質問はお客様のその欲求を見極めるための最高の武器です。この見極めが正確にできたなら、営業マンは間違いなく、お客様の欲求によって、今後どのように営業するかを判断できるようになります。もちろん、商品・サービスをお勧めすることは重要です。そして、できるなら、採用もいただければうれしいです。でも、もっと重要なのは、あらゆる人に対して積極的にアプローチし、相手の状況や気持ちを質問によって確かめることです。
つまり、クロージング質問をどんどんできる営業マンこそが、人と関わり、人の心理をわかる人間になれるのです。

POINT

クロージング質問は、営業マンがお客様の欲求を見極めるための最高の武器。これを磨いていくと、人と関わり、人の心理をわかる営業マンになれる。

6章

クロージング上手なら人生がうまくいく

質問上手な営業マンは、自分の人生をうまく進めることができる

今までは、お客様に対する質問型クロージングについて述べてきましたが、この最終章では、「質問」が自分自身に役立ち、人生を進めていく上で非常に重要な役割を果たす、ということをお話しします。

私自身も、物事を進める上で質問を効果的に役立ててきました。自分自身に使ってきた質問をお客様に対しても使うようになった、と言ってもいいくらいです。いずれにせよ質問は、お客様に対しても自分自身に対しても使えますし、使いながらますます磨きがかかっていきます。そして、質問によって、営業も自分の人生も前に進めることができるようになっていきます。それも決して無理やりではなく、自然に、自らの意志で進めることができるのです。

質問型クロージングの方法は、今から14年前、「人は自分の思った通りにしか動かない」

「人は自分の思った通りに動きたい」ということに気づいた時から始まりました。それまで13年ほど、人材教育の仕事の主に営業部門で活動していました。その当時の私は正直、いかにお客様にわかってもらうかということに必死でした。したがって、どうしても説得型営業になっていたのです。それでも、それなりに成績を上げてきた私は、営業には多少なりとも自信を持ってはいました。しかし、説得型の営業は、エネルギーのいる非常に疲れるものでした。また、購入後はお客様が成果を出すためのフォローに時間がかかっていました。また、部下の育成もうまくいかなくなってしまいました。このように私は、自分の仕事に苦悩していました。

「どうすればお客様に自発的に採用いただけるのか？　そして、成果を出せるか？」「部下はどうすれば動いてくれるのか？　そして、成果を上げ続けてくれるのか？」「私はどうすればもっと仕事を自発的に押し進められるか？　そして、成果を上げ続けることができるのか？」

こう思い悩む日々が続いたある日、私は気づいたのです。

それが、「人は自分の思った通りにしか動かない」「人は自分の思った通りに動きたい」ということでした。

考えてみれば当たり前のことですが、私にとってとても大きな意味がありました。なぜなら、今までとはまったく正反対の発想だったからです。それまでは、まさに「人を自分の思った通りに動かしたい」と考えていたのですから。

ここから、お客様への説得がなくなり、質問が始まったのです。また同時に、ここから自分自身への説得がなくなり、自分自身への質問が始まりました。そして、私はお客様の欲求を確認するようになるとともに、自分自身の欲求を確認するようになったのです。お客様が自然に自らの意志で契約へと進んでいくようになるとともに、私自身が自らの意志で自然に行動を始めるようになりました。そこには無理や強引さがなく、自然に自ら納得しながら進んでいけるようになったのです。

これは、私の人生にとって、まさに衝撃的な出来事でした。なぜなら、私はそれまで自分を無理やり動かしてきたからです。自分を叱咤激励し、だだっ子のように言うことをきかない自分に言い聞かせるようにして強引に自分を動かしてきたからです。ダメな自分、言うことを聞かない自分をもてあましながら、なんとかやってきたのでした。周りを見ては「もっと優秀で淡々とことを運ぶ人がいるのに、どうして自分はこんなにもぐずぐずするのか?」という気持ちでいっぱいでしたが、そんな私が自分を認めることができるようになったのです。それは、自分であることに開き直った瞬間でした。何しろ、「自分の思った通りにしか動かない」「自分の思った通りに動きたい」とわかったのですから。

それ以来、私は自分が何を求めているのか、どうすれば自分なりにそれができるかを「質問」するようになりました。するとなんと、無理なく物事が動き始めるという劇的なことが起こり始めました。

そして、自分だけでなく、自分のまわりの部下、そしてお客様にも、同じような姿勢で接し始めました。部下には何を求めているのか、どうすればそれができるかを「質問」するようになり、お客様には何を求めているのか、どうすればそれができるのかを「質問」するようになったのです。

こうして私は、自分、部下、お客様、そして家族も含め、すべてを認めるようになり、質問が優先するようになったのです。

POINT

自分の人生で質問を使い、自分の人生を無理なく前に進めることができると、お客様にも自然に質問をし、無理なくお客様を前に進めることができるようになる。

クロージング質問は、自分を押し進める力であり、お客様を押し進める力

これまで見てきたように、現状を把握するのは質問です。欲求を引き出すのも質問です。課題を明らかにするのも質問ですし、解決策を引き出すのも質問です。このように、すべてのプロセスで質問を使うのですが、質問によって答えを引き出したら、その中から選択しなくてはなりませんし、優先順位を決める必要もあります。この選択や決定を促すものこそクロージング質問なのです。クロージング質問を通じて、はじめて行動に移すことができるのです。

私は27年間にわたり、人材教育や人材開発の世界に携わってきましたが、そこでは結局のところ、一人ひとりの能力をいかに発揮するか、ということが重要な課題でした。そのため、モチベーションや潜在能力の開発などに関わってきました。今、これらに関する書物は書店に溢れかえっています。もちろん、私が今までに出版してきた本も、大きく言

えばその分野に入ります。そこでいつも言われるのは、まず自分の欲求です。「自分の欲求を引き出し、明確化せよ」です。そして、「自分が手に入れたいものの絵や写真を貼り、イメージせよ」です。

ところが、いくらそうしたとしても、現実に行動を起こさなければ何も起こりません。「そんなことは言われなくてもわかっているよ」なんて言われるかもしれませんが、実際はここで多くの人が立ち止まっているのも事実です。

ここで必要になってくるのがクロージング質問なのです。クロージング質問とは、今までお話ししてきたように、

感じる・思う ➡ 考える ➡ 行動する ➡ 結果が出る

の段階を押し進めることです。

■「考える」段階

「私の欲求を実現するための方法の中で、どの方法が一番効果的だろうか？」 選択

「どのような順番で行動を起こせばいいだろうか？」 選択

■「行動」の段階

「私はそれらを本当に行動するのだろうか？」　決意

このように、自分の思い、考えを問いただし、そこから自分の判断で選択します。そして、本当に行動するのかを問いただし、自分の判断で行動します。さらに、そこから起こってくる出来事の責任をすべて引き受けます。

このように言うと簡単そうに聞こえるかもしれませんが、実際に行なうのは実は非常に大変なことなのです。

こうした選択や決意に関する質問がクロージング質問となるのです。質問が上手にできるようになっても、このクロージング質問ができない人は、自分を自然に、自発的に動かすことができません。逆にクロージング質問ができるようになれば、自分を無理に動かすのではなく、自分に納得を与えながら、自然に自発的に動けるようになるのです。

現実に行動に移すのに、多くの人が熟考しますが、それをスムーズに進めるのがクロージング質問なのです。

そして、このことがわかると、実はお客様へのクロージング質問もできるようになります。お客様へのクロージング質問の出し方、言い方、間など、あらゆることが無理なく、自然に行なえるようになるのです。

なぜなら、自分が実感しているからこそ、他の人に対してどうすればいいのかわかるようになるからです。

POINT

選択や決意を促すクロージング質問は、人生で価値あるものである。それは、自らの人生を押し進め、お客様や周りのすべての人の人生も押し進めることができる。

クロージング質問、それは自分を認め、その人の可能性を引き出すもの

もう少し具体的に話をしましょう。前項で「感じる・思う→考える→行動する→結果が出る」という私たちの行動原則の中で、「選択」と「決意」を促すのがクロージング質問であるとお話ししました。それぞれの段階で納得して押し進めるのが、まさにクロージング質問です。

私たちは、心のどこかで「こうすべき」「このようにやらないといけない」という義務感を持っています。あるいは、「これじゃまずい」「こんなこともできないようじゃだめだ」という脅迫感も持っています。

おそらく、どこかで人と比較したり、理想と比較しているからでしょう。私たちの目も耳も他の感覚も外部に向いていて、それを感じ取るようになっています。それがいつの間にか比較意識を作り上げてきたのでしょう。比較対象は他人であり、理想とする自分です。

それが義務感や脅迫感を形成するのかもしれません。

「質問」は、これらとはまったく逆の方向に向かわせます。自身の内部に目を向かわせ、そして自らの声や欲求や意志を聴きます。それは自分自身との対話であり、自ら納得を得るための話し合いなのです。つまり、自分自身を認め、その自分ができることを考え出していく作業なのです。それは、自分の可能性を引き出す作業にほかなりません。

行動原則の「考える」という段階は、4章でもお話ししたように、さらに4つに分かれていました。

（「考える」の4段階） 現状 ➡ 課題 ➡ 解決策 ➡ 提案

これは、お客様が自分なりの答えを出すための質問の段階であると同時に、自分が自分なりの答えを出すための質問の段階にもなっているのです。

①現状　まず、自分の現状に質問する段階です。もちろん、その中で自分はどうしたい

のか、という欲求への質問でもあります。この現状や欲求への質問は、素直に自分を認めるということなのです。

②課題　現状、欲求の中で何が問題なのか。何が課題なのかを質問する段階です。問題・課題をはっきりさせなければ、欲求を実現することはできません。

③解決策　その中で、ではどうすればいいのか。その解説策への質問で、現在の自分ができる方法を考えることです。「事の成せない理由より、事を成す方法を考えよう」という言葉がありますが、解決策というのは、まさに自分の可能性を引き出す質問なのです。

④提案　出てきた解決策の中で、さらに具体的に何を行なっていくのかを質問します。そして、具体的な行動を示し、優先順位をつけます。

これらの段階の中にそれぞれ質問があります。そして、質問を通じて、各段階を納得して進んでいきます。

最終の提案においては、まさに「ここから、何を、どう行なうか?」という選択のクロージング質問が重要となり、そして最後は、「私は、それを本当に行動するか？」という決意を聴くクロージング質問が重要になります。

これらはすべて自分への質問です。それは、自分を認め、自分の可能性を認め、その可能性を引き出す行為なのです。

POINT

人間の行動原則の中の「考える」という4段階「現状→課題→解決策→提案」の質問で、自分を認め、自分の可能性を引き出すことができる。

自分へのクロージング質問こそ、最もエキサイティングでダイナミックに人生を押し進める

自分への質問、特にクロージング質問は、私たち自身を納得させながら、無理なく前に進めてくれる素晴らしいものです。自分を認め、自分の現在地から、段階的に前進させてくれるのです。ただ、そのためには、自分自身も「自分の思った通りにしか動かない」「自分の思った通りに動きたい」ということをしっかり認識しておく必要があります。

自分への質問、自分へのクロージング質問は、自分と本音で話し合うことにもなるでしょう。詳しい方法や技術は、当社のホームページで紹介していますので、興味のある方はぜひそちらをご覧ください。

自分への質問ができるようになると、ダイナミックに人生を進めることができるようになると感じています。私がいつもお話ししていることですが、人には**「自分の内側に見て**

いるものを外側に見る」という習性があるからです。

私たちは自分の心の中で思っていることを外の世界に見ます。たとえば、あなたが車を乗り換えたいと思っているとします。もし「プリウスが欲しいな」と思っていれば、外出時にあなたの目はプリウスにばかり向くようになります。あなたが特定のブランドの鞄が欲しいと思っていれば、その鞄を持っている人やショーウインドウに目が向くようになります。

このように、人には、自分が心で思っていることを外の世界に見るという習性があります。あなたが外の世界に見るものは、あなたが心で思っていることなのです。さらに言えば、あなたが何を思い、何を考えているかによって、あなたの世界は決まってくるのです。

あなたが心で思っていることを質問で明確にし、クロージング質問であなたが行なうべきことがはっきりしたら、あなたは外の世界からチャンスを見つけることができるようになります。

あなたが「お客様を見つけよう」と考えれば、あなたは「どのような人がお客様なのか」

を具体的にできるようになります。そして、「そのような人にアプローチできるチャンス」に恵まれるのです。あなたが「自分の目標を達成しよう」と考えれば、「どうすれば目標を達成できるか」を明確にできるようになります。そして、「その段階を進めるための協力者を得るチャンス」に恵まれるのです。

近年「引き寄せの法則」をよく耳にするようになりましたが、自分自身への質問、クロージング質問は、紛れもなくあなたにこの引き寄せの法則を起こすことになるのです。

このことがわかった時に、質問があなたの人生の味方になってきます。常に傍らに寄り添い、あなたが何かを思うとき、あなたが何かを考えるとき、あなたはいつも自分に質問を投げかけるようになるのです。「私はどうしたいのだろうか?」と。そして、最後に次のようなクロージング質問をします。「私は本当にそれをしたいのだろうか?」「私は本当に行動を起こすのだろうか?」と。

こうして、質問、特にクロージング質問は、あなたの人生を最もエキサイティングでダイナミックに押し進めてくれるのです。

そして、それがお客様や周りの人の人生をもエキサイティングでダイナミックに押し進めることになるのです。

POINT

自分自身への質問、クロージング質問は、あなたに「引き寄せ」をもたらす。

クロージング質問で、あなたも私も人生を謳歌できる!

私には、大きく影響を受けた本があります。それは『「原因」と「結果」の法則』(ジェームス・アレン著/サンマーク出版)で、原題は『AS A MAN THINKETH』、まさに「人は自分の思った通りの人間になる」です。

「人は自分の思った通りの人間になる」というのは、今までのお話を通しておわかりいただけたと思います。

自分の思いを明確にする。お客様の思いを明確にする。

これができるようになると、自分の人生や営業など、あらゆるものが前に進んでいきます。そして、思いを明確にするものは、実は質問だったのです。

特に、自分にクロージング質問ができるようになると、本当に納得をもって、人生が進んでいきます。そうなったときには、どのような結果であっても受け入れ、そして改善しながら、さらに前に進んでいけるようになっています。

あなたもこの質問の技術を学びませんか？　自分のものにしてみませんか？　そうすれば、自分に、お客様に、そして、ありとあらゆる場面で使えるようになり、人生をますます謳歌できるようになるでしょう！

POINT

自分自身にクロージング質問を投げかけることで、誰もがますます人生を謳歌できるようになる。

おわりに

質問型営業のうち、特にクロージングに焦点を絞って本書を書かせていただきました。「営業の中のクロージングだけに的を絞って、はたして1冊を書き上げることができるだろうか?」。これが、本書を書く前の私の正直な感想でした。しかし、終わってみれば、何と200ページ超の分量に達していました。おそらくクロージングだけで1冊の本になったものは、ほとんどないのではないかと思います。特に、本書のように、クロージングというお客様も営業マンも心が揺れ動く繊細な部分について微に入り、細にわたり書いた本となると、なおさらです。

本書で示した質問型クロージングは、あらゆる業種、職業、役職やポジションに役立つはずです。また、営業だけでなく、人間関係や家庭生活など、あらゆる場面で使えるはずです。

私は「営業とは営業マンが売ることでなく、お客様に買ってもらうことである」ということを29歳で知りました。それを知ったとき、「なるほど!」と感激したものの、なかなか実行できませんでした。それどころか、月日が経つごとに、むしろ売ろうとするようになっていきました。そんな私が、営業活動を始めて13年。ついに、営業の秘訣を感じる瞬間がおとずれました。

たまたま、あるお客様の前で、質問中心の営業をしたことがあったのですが、その時のお客様の反応がよいことにびっくりしたのです。私はその瞬間に、「営業の秘訣をつかんだかもしれない」と感じたのです。

その後、何度も質問中心の営業をしてみましたが、やはり同じようにお客様の反応がよく、しかも着実に結果が得られたのです。

さらに質問中心の営業を繰り返すうちに、質問には決まった内容があり、決まった順番があることがわかってきました。それを「質問型営業」としてまとめ、部下や周りの人たちに教えたところ、やはり同じ反応や結果が得られました。こうして、「質問型営業」は営業の現場で使えることが実証されたのでした。

その後、現場実践主義の私は、さらに営業マンに同行しながら「質問型営業」を指導し、ますます磨きをかけていきました。そうやってできあがったのがこの質問型営業であり、質問型クロージングなのです。

ですから、本書で紹介した方法はすでに十分に実証ずみで、特定の人でないとできない、ということはありません。誰にでもできます。そして、やってみていただければ、結果は出てきます。どうか、この質問型営業、質問型クロージングをあなたの営業活動、営業指導に役立ててください。そして、楽しく、愉快で、本当にお客様に喜ばれる営業を実現していただければと願っています。

2012年6月

青木　毅

著者略歴

青木　毅（あおき　たけし）

1955年生まれ。大阪工業大学卒業後、飲食業・サービス業・不動産業を経験し、米国人材教育会社代理店入社。88年、セールスマン1000名以上の中で5年間の累積業績1位。97年に質問型営業を開発。98年には個人・代理店実績全国第1位となり、世界84ヶ国の代理店2500社の中で世界大賞を獲得。株式会社リアライズを設立後、2002年に質問型セルフマネジメントを開発。大阪府、東京都など、8年連続で自治体への質問型コミュニケーションを担当指導する。08年、質問型営業の指導を企業・個人を開始。現在、カーディーラー、ハウスメーカー、保険会社、メーカーなどで指導を行い、3ヶ月で実績をあげ、高い評価を得ている。15年、一般社団法人質問型コミュニケーション協会を設立。一般向けに「質問型コミュニケーション」の普及を開始。著書に『「質問型営業」のしかけ』『営業は「質問」で決まる!』『アプローチは「質問」で突破する!』（同文舘出版）、『「3つの言葉」だけで売上が伸びる質問型営業』『質問型営業最強フレーズ50』（ダイヤモンド社）等がある。Podcast番組「青木毅の質問型営業」は累計ダウンロード数150万回を突破。

連絡先:株式会社リアライズ　TEL:0120-415-639
〒231-0023　東京都千代田区内神田3-2-1栄ビル2F
質問型営業HP:http://www.s-mbc.jp/
質問型コミュニケーションHP:http://www.shitsumongata.com/

質問型営業で断られずにクロージング
営業は「質問」で決まる!

平成24年 7 月17日　初版発行
平成31年 2 月 1 日　11刷発行

著　　者 ———— 青木　毅
発 行 者 ———— 中島　治久
発 行 所 ———— 同文舘出版株式会社
東京都千代田区神田神保町 1-41 〒 101-0051
営業 03（3294）1801　編集 03（3294）1802
振替 001000-8-42935　http://www.dobunkan.co.jp

ISBN978-4-495-59901-0
印刷／製本：萩原印刷
Printed in Japan 2012